성공하고 싶었는데 그전에 죽겠다 싶었다

성공하고 싶었는데 그전에 죽겠다 싶었다
생체 리듬으로 삶의 경로를 재탐색하는 인생 재설계 프로젝트

초판 1쇄 발행 2025년 8월 26일

지은이 최이솔
펴낸이 조미현

책임편집 박다정, 최미혜
디자인 강혜림
마케팅 이예원, 공태희
제작 이현

펴낸곳 (주)현암사
등록 1951년 12월 24일 (제 10-126호)
주소 04029 서울시 마포구 동교로12안길 35
전화 02-365-5051
팩스 02-313-2729
전자우편 editor@hyeonamsa.com
홈페이지 www.hyeonamsa.com

ISBN 978-89-323-2446-3 03190

• 책값은 뒤표지에 있습니다. 잘못된 책은 바꾸어 드립니다.

성공하고 싶었는데
그전에 죽겠다 싶었다

생체 리듬으로
삶의 경로를 재탐색하는
인생 재설계 프로젝트

최이솔 지음

현암사

차례

여정을 열며
왜 늘 내 선택을 설명해야 했을까? 6

1

**정신력이 몸을
이길 수 있다고 믿었다** 12

2

자기이해
외적 동기에서 내적 동기로 26

인생의 나침반이 되는 가치관 찾기　31
내 중심을 잡는 정체성 탐구　54
삶의 뼈대를 만드는 인생관 정립　75

3
Daily

하루를 설계하기
일상에 리듬감을 주는 방법 90

일기: 내면을 깊이 관찰하는 힘　95
루틴: 쉼과 몰입의 균형　128

4 Weekly
일주일을 조율하기
회복과 에너지의 재배치 — **150**

감정 지도 만들기 155
조화로운 한 주를 위한 셀프 점검표 180

5 Monthly
한 달을 그리는 기술
작게 설계하고 크게 나아가기 — **192**

목표 트리 구조화 연습 196
한 달에 하나, 나를 위한 작은 실험 211
리듬을 살리는 월간 리추얼 220

6 Yearly
1년을 위한 비전 세우기
물음표에서 느낌표가 되기까지 — **228**

'나다운' 성공을 이루려면 245
내 삶의 주인이 되다 272

여정의 끝에서 282
감사의 말 286

여정을 열며

왜 늘 내 선택을 설명해야 했을까?

일기를 쓴 지 햇수로 17년이 되었다. 2009년 말, 처음 일기를 쓰고 그림을 그리며 자연스럽게 나를 표현하기 시작했다. 나를 표현하려면 나를 알아야 한다. 그리고 나를 알기 위해선 나를 관찰해야 한다. 누군가의 겉모습이나 학교, 직장을 안다고 해서 그와 친하다고 할 수 없다. 친한 이는 그보다 깊은 면을 안다. '왜'를 안다. 그가 정해진 시간에 맞춰 출근하고, 칼같이 퇴근하는 건 누구나 알 수 있다. 하지만 나머지 시간에 무엇을, 왜 하는지는 그와 진한 대화를 나눈 사람만이 알 수 있다.

그 사람을 '나'로 바꿔보자. 나와 친하다는 건 나를 구성하는 '왜'에 관해 풍성하게 이해하고 있음을 의미한다. 나는 왜 그 상황에서 예민해지는지, 내가 왜 이걸 추구하는지, 왜 그걸 좋아하는지 또는 싫어하는지 스스로에게 질문을 던지며 나의 이유들에 관한 데이터를 축적해야 한다. 그러다 보면 자신과 가까워진다. 이러한 흐름이 나를 관찰하는 과정이다. 관찰을 반복하면 본질에 다가갈 수 있다. 그 본질에 나다움이 있다.

16년 전으로 돌아가 중학생 때부터 나는 늘 어른들에게 내 선택을 설명해야 했다. 외고를 준비하던 아이가 예고에 가겠다고 선언했다. 안전하게 여러 군데 쓰라는 선생님의 말을 듣지 않고 대학도 한 군데만 지원했다. 미술 전공생이 사회복지학과 전공을 들었다가 결국 벤처경영학과를 복수 전공했다. 나를 온전히 담는 이름을 지어주겠다며 개명했다. 친구들이 전문직·금융권·대기업 취업을 준비할 때 스타트업에 들어갔다. 속된 말로 하면, 나는 '말지지리 안 듣는 아이'였다. 그러니 부모님은, 선생님은, 교수님은, 면접관은 항상 내게 '왜' 그런 선택을 했는지 물어봤다.

당연히 이유가 있었다. 때로는 그 이유를 감추기도 했지만 속에는 확고한 이유가 있었다. 그건 내 주관과 나다움이었다. 어린 시절에는 '내 인생인데 저들이 왜 참견이지' 하는 반감도 들었다. 지금 생각하면 당연히 궁금했을 법한데 말이다. '한 번 사는 이 인생은 내 것이며, 내 선택에 대한 책임 또한 내가 지겠다'는 인식이 확고했다. 그래서 스스로 가장 원하는 선택을 했고 그것에 대해 최선을 다해 결과를 내려 했다. 이에 더해 여러 요소가 맞닿아 크고 작은 성취를 이뤘고 만족도 높은 삶을 살고 있다. 16년 전과 확연히 다른 모습으로.

나는 나다움에 꽤나 집착하는 편이다. 2020년에 개설한 유튜브 채널 소개 영상에서 "저는 우리 개개인이 나답게 사는 것에 정말 정말 관심이 많아요"라고 말했다. 2016년, 마인드과외를 시범 사업으로 운영할 때도 그랬다. "10대는 공부하기 전에 나를 알아야 합니다"라고 비장하게 외치며 '진정한 나를 만나는 법'을 체계적으로 가르쳤다. 고집스러울 정도로 내가 나다움에 집착하는 이유는, 우리가 인생을 단 한 번 살기 때문이다. 유일한 삶이기에 내면을 따라가고 싶었다. 삶에 정답은 없지만 내 고유함을 살릴수록 일상이 가벼워지고 숨이 트였다. 자연스럽게 호흡하는 나를 자각할 때마다 "이게 내 리듬인가 봐" 하고 스스로에게 속삭이곤 했다. 그러면 이상하리만치 마음이 놓였다.

영어로 나다움은 'Being Myself'다. 즉, 나 자신으로 존재하는 것이다. 이는 나의 본질에서 출발한다. 사람마다 천성과 기질이 다르다. 그럼에도 우리 사회는 이 차이를 이해하려고 하지 않는다. 남과는 다른 자신의 본질을 이해하고 존중하며 그것이 자연스럽게 드러나는 리듬으로 삶을 설계하는 것. 그것이 바로 나다움이다.

이 책에서는 일상에서 나만의 리듬을 발견하고, 그 리듬에 맞춰 걸으며 '나다운 성공'에 다가가는 여정을 다룬다. 나다운 성공이란 타인의 박수가 아닌, 내 안의 침묵이 고요히 고개를 끄덕이는 삶이다. 누군가는 해 질 녘 산책하며 듣는 음악 속에서, 누군가는 직접 손끝을 스쳐가며 만든 가구에서, 또 누군가는 소박한 식탁 위의 웃음에서 충분함을 느낀다. 삶의 리듬은 사람마다 다르고, 성공의 정의 또한 다르다. 우리가 할 일은 나에게 가장 잘 맞는 리듬으로 매일을 살아가며 그 여정에서 타인의 리듬 또한 존중하는 태도를 갖추는 것이다.

책의 시작은 개인적인 이야기로 열었다. 그동안 쉽게 꺼내지 못했던, 내 유년 시절부터 질병을 앓게 된 과정을 담았다. 그 시간을 출발점 삼아, 몸과 화해하며 살아가기 위해 내가 어떤 노력을 해왔는지, 그 노력이 어떻게 몸과 마음의 조화로운 리듬을 회복하는 데 도움이 되었는지를 워크북 형태로 풀어냈다. 나는 늘 계획표를 곁에 두고 살았지만, 삶이 예상대로만 흘러가지는 않았다. 몸이 보내온 신호들을 무시하며 달리다 결국 멈출 수밖에 없는 순간이 되어서야 나에게 맞는 리듬, 나만의 속도, 내가 진짜 원하는 삶을 다시 살펴보게 되었다.

생의 반전이 시작되고 6년이 지난 지금, 나는 내 몸에게 고맙다. 내 모든 역사가 담긴 이 몸에게. 그리고 내 몸과 마음이 손을 잡고 걸어가도록 등을 토닥인다. 나에게 최적화된 리듬이 내 삶에 흐르기까지 수많은 탐구와 실험 그리고 조율이 있었다. 2장에서는 나를 이해하는 데 꼭 필요한 질문들―가치관, 정체성, 인생관에 대해 이야기한다. 이어 3장부터 6장까지는 내 삶에 적용하면서 실험해온 리듬을 하루(Daily), 한 주(Weekly), 한 달(Monthly), 1년(Yearly) 단위로 단계를 나눠 담았다. 매일 작게 반복되는 루틴부터 한 해의 방향을 그리는 기록까지. 크고 작은 단위의 리듬이 쌓여 내 몸과 마음을 회복시켰고, 지속 가능한 삶을 만들었다.

혹시 당신도 바꿀 수 없는 환경 속에서 너무 일찍 어른이 되었거나 삶을 혼자 감당하기 버겁다면, 내가 그랬던 것처럼 자신의 내밀한 리듬에 기대어 조금은 편히 숨 쉬었으면 한다. 이 책은 순서대로 읽지 않아도 괜찮다. 끌리는 대로 눈이 가는 부분부터 읽으며, 자신의 것으로 꼭 활용하면 좋겠다.

- 나를 깊이 들여다보고 싶을 땐

  2장 | 자기이해

- 하루를 나답게 설계하고 싶을 땐

  3장 | 하루를 설계하기

- 감정을 살피고 균형을 되찾고 싶을 땐

  4장 | 일주일을 조율하기

- 한 달의 흐름을 정리하고 재충전하고 싶을 땐

  5장 | 한 달을 그리는 기술

- 삶의 큰 그림을 그리고 싶을 땐
  6장 | 1년을 위한 비전 세우기

이 책은 나답게 살고 싶지만 어떻게 시작해야 할지 막막한 이들에게 건네는 사적인 제안이다. 두려움 앞에서 한 걸음 내딛어야 할 순간 이 책이 살포시 당신의 등을 밀어주기를. 용기를 품은 그대가 자기만의 리듬을 창조해가는 여정에 든든한 동행이 되기를 소망한다.

비빌 언덕 하나 없이 버티고 있는 분들에게,
기댈 어깨 한 편이 되어주기를.

2025년 6월의 끝에서
최이솔

1

정신력이 몸을
이길 수 있다고 믿었다

가난이 싫었다

고요한 밤을 가로지르는 비명이 단잠을 깨웠다. 아빠의 비명이었다. 아빠는 15년간 자주 악몽을 꿨다. 악몽은 꿈뿐만 아니라 현실로도 이어졌다. 그리고 아빠가 육성으로 소리를 지른 뒤에야 끝났다. 어린 나는 아빠의 비명을 들을 때마다 아빠에 대한 안쓰러움을 느꼈다. '무엇이 아빠를 잠들지 못하게 하는 걸까?'

내가 초등학생이었을 때 아빠가 다니던 회사가 부도났다. 아빠는 다섯 식구를 거느린 가장이었다. 할머니, 엄마, 나, 남동생, 여동생. 아빠가 실직한 뒤 우리 가족의 일상은 정신없이 굴러갔다. 급하게 좁은 집으로 이사를 갔고 할머니의 몸에는 암이 퍼졌다.

> 정신력이 몸을 이길 수 있다고 믿었다

엄마도 아르바이트를 알아봤다. 집에선 세 마리의 아기 새가 부리를 벌리고 있었다. 아기 새들을 위해 아빠는 서둘러 택시운전 자격증을 땄다. 가장은 한순간도 일을 놓을 수 없었다.

어느 날, 하교하고 집으로 돌아오자마자 아빠의 손을 쥐고 있는 엄마를 봤다. 나는 환히 웃으며 가까이 다가갔고 그제야 시커멓게 찌그러진 아빠의 엄지손가락을 보게 됐다. 새벽에 나간 막노동 현장에서 망치에 찧었다고 했다. 손가락을 보자마자 쌓였던 울분이 올라왔다. 금방이라도 눈물이 터질 것 같아 곧장 방으로 들어갔다. 머릿속엔 피멍이 든 아빠의 손가락만 가득했다. 그 이후로 밤이 깊어질 때마다 나는 성공을 꿈꿨다. 고작 초등학교 5학년이던 내게 가난은 뚜렷한 결핍으로 다가왔다. 이 설움을 끝내고 싶었다. 돈도 빽도 없는 내가 가질 수 있는 유일한 무기는 공부였다. 그래서 집요하게 공부했다.

부모님은 어려운 형편에도 내가 원하면 배울 수 있도록 최선을 다해 지원하셨다. 그들이 악착같이 일해 벌어들이는 돈은 대부분 내 교육비로 쓰였다. 동생들에게 미안하기도 했지만 어쩔 수 없었다. 내가 먼저 길을 만들면 동생들도 더 나은 선택지를 가질 수 있지 않을까 어렴풋이 생각했다. 나는 부모님의 헌신을 딛고 야무지게 살았다. 학교에서 회장 혹은 부회장을 맡거나 각종 과목에서 상을 타며 작은 결실들을 쌓아 올렸다.

중학생이 되어서 외국어고등학교에 가고 싶었던 나는 외고 입시에 대비한 커리큘럼에 맞춰 공부했다. 그 무렵 내 성적은 500여 명 중 평균 35등을 웃도는 성적으로 상위 7퍼센트에서 왔다 갔다 했다. 모든 게 계획대로 흘러갈 줄 알았다. 중학교 2학년 격변의 사춘기를 겪기 전까지는.

그 시기를 기점으로 내 인생의 방향을 완전히 틀었다. 갑자기 미술을 시작했고 목표도 예술고등학교로 바뀌었다. 미술학원도 안 다닌 딸이 그림을 그리겠다고 하니 부모님 입장에서는 당황스러웠을 터였다. 하지만 일단 미술학원에 등록하고 나서는 고민할 틈도 없었다. 나는 미련 없이 달리기 시작했다. 예고에 합격하기 위해 모든 걸 쏟아 부었다. 평일에는 학교 수업이 끝나자마자 학원에 가서 밤 10시까지 그림을 그렸고 집에서도 드로잉을 하다 잠들곤 했다. 주말과 방학에는 12시간 넘게 학원에 있었다. 실력은 빠르게 늘었고 잘하니 재밌었다.

하지만 내가 갑작스레 미술을 시작하며 집안 형편은 더 기울었다. 그럼에도 부모님은 내 꿈을 포기시키는 대신 본인들이 희생하는 쪽을 택했다. 아빠는 작은 회사에 들어갔고 엄마도 새로운 일을 시작했다. 가족이 나를 위해 몸을 던질 때마다 반드시 성공해야 한다는 무게감과 책임감이 강해졌고 앞만 보고 달렸다. 집안을 일으키겠다는 독기와 시작한 이상 끝까지 해내고 말겠다는 승부욕이 성공을 향한 열망과 만나 가속을 냈다. 그리고 드디어 목표했던 서울예고에 합격했다.

> 정신력이
> 몸을
> 이길 수
> 있다고
> 믿었다

합격증을 받아든 순간부터 '서울대학교'라는 더 큰 목표가 생겼다. 우리 집엔 4년제 대학을 나온 사람이 없었다. 나는 교육이 부족할 때 일상의 선택지가 얼마나 제한되고, 삶이 얼마나 불안정한지를 가까이서 보며 자랐다. 예고에 합격한 후 어쩌면 내가 처음으로 우리 집에서 4년제 대학을 나온 사람이 될 수도 있겠다는 생각이 들었다. 그때 교육의 부재가 낳은 가난의 대물림을 필히 끊어내겠다고 결심했다.

마침내 바라던 서울대학교에 합격하고 나서도 질주는 계속됐다. 입학하기도 전에 학내 자치 언론에 들어갔고, 2년 반 동안 활동했다. 130학점을 들으면 졸업이 가능한데 162학점을 채웠다. 부모님에게 손 벌릴 수 없었기에 일도 계속했다. 여러 전공을 탐색하면서 공부도 놓지 않았다. 동아리와 학회 활동도 꾸준히 했다. 내 일상에 공백은 없었다. 2018년에는 바쁨이 정점에 달했다. 졸업 전시를 준비하면서 경영학회에서 소규모로 창업을 했다. 과외와 아르바이트, 근로장학을 하며 생활비를 벌었고 한 학기에 17학점을 들었다. 스터디를 운영하면서 운동과 연애까지 놓지 않았다. 내 시간표는 평일과 주말 구분 없이 아침 8시부터 새벽 3시까지 가득 차 있었다. 1년 내내 잠을 줄이며 살았다.

무엇 하나 놓을 수 없던 시간들이 흘러가고 하나둘 맡았던 일도 마무리됐다. 2018년 12월에는 졸업 전시를, 2019년 초에는 경영학회 활동을 끝냈다. 2년 동안 운영하던 스터디도 정리했다. 손에 쥐고 있던 것들을 잘 끝냈다는 해방감에 가벼운 웃음을 지었다. 하지만 몸속에서 울리던 조용한 경고음을 그때 나는 알아차리지 못했다.

움직일 수 없는 몸과 무력감

여느 때처럼 휴대폰을 들여다보고 있었다. 그런데 갑자기 왼쪽 손가락이 찌릿하면서 힘이 빠졌고 휴대폰을 놓쳤다. 오른손으로 떨어진 휴대폰을 줍는 순간, 왼손 엄지가 삽시간에 손목만큼 부어올랐다. 순식간에 통증이 밀려왔고 조금이라도 까딱하면 칼로 찌르는 듯한 날카로운 고통이 느껴졌다. 정형외과에서 엑스레이를 찍었지만 별다른 이상은 발견되지 않았다. 이건 시작에 불과했다. 어느 날, 소파에서 몸을 일으키려는데 골반을 방망이로 내려치는 듯한 통증이 퍼졌다. 다리를 움직일 수 없었다. 조금만 움직여도 온몸에 찢어지는 통증이 퍼졌다. 목도 돌릴 수 없었다. 당황한 부모님은, 울고 있는 나를 들어 차로 옮겼다.

동네 병원에 도착하자마자 엑스레이를 찍었다. 의사는 목과 척추를 가리키며 "디스크가 살짝 터졌다"고, 신경성형술을 받으면 통증이 나아질 거라고 했다. 하지만 시술을 받은 후에도 통증은 나아지지 않았다. 의사는 기다려보자는 말만 되풀이했다. 결국

1

정신력이 몸을 이길 수 있다고 믿었다

대학병원으로 향했다. 응급실 침상에 누운 나를 진단하던 교수는 곧바로 입원을 결정했다.

입원하고 첫 이틀은 거의 정신을 잃은 채 천장만 바라봤다. 조금이라도 움직이면 몸이 갈라질 듯한 고통이 올라왔다. 화장실도 성인 두 명에게 들려서야 갈 수 있었고, 혼자서는 아무것도 할 수 없었다. 바지를 내리는 것도 뒤처리를 하는 것도 스스로 하지 못했다. 무력감에 밥도 넘어가지 않았고, 엄마는 숟가락을 내 입에 물리면서라도 밥을 먹이려 했다. 연이은 검사들이 진행됐다. 채혈, 유전자 검사, MRI, 전신 골밀도 검사, 손과 발 스캔. 갖가지 검사를 할 때도 난 내 발로 움직이지 못했다. 침대에 누운 채 실려 다녔다. 그렇게 여러 검사 끝에 통증의 원인이 밝혀졌다.

자가면역질환이었다. 손가락과 발가락뿐만 아니라 무릎과 팔꿈치, 골반 관절에도 염증으로 인한 퇴행성 변화가 진행되고 있었다. 내 염증 수치는 기준치보다 70배가량 높았다. 그러나 유전자 검사에서는 유전적 요인이 발견되지 않았다. 교수님은 고개를 갸웃거리며 보통 이 정도로 염증이 있는 경우에는 유전자가 발견되기 마련이라고 하셨다. 그렇다면 남은 가능성은 단 하나, 자가면역질환 발생의 10퍼센트에 해당하는 환경적 요인, 과로와 스트레스였다. 그 말을 듣는 순간 지난 10년이 흑백 영화처럼 스쳐갔다. 내 몸이 망가지지 않는 게 더 이상할 정도로 나를 갈아 넣으며 보낸 시간들이었다.

재활의학과에서 류마티스내과로 넘어가며 지난했던 검사 끝에 얻은 병명은 희귀난치질환, '강직성 척추염'이었다. 이름을 알고 나니 묘하게 후련했다. 병명이 분명해지자 대처도 달라졌다. 질병에 맞게 약과 치료법을 조정하자 병세는 상당히 호전됐다. 응급실에 도착했을 때만 해도 심하면 수술할 수 있다고 했지만, 코르티솔 스테로이드 약물과 주사만으로 통증이 가시기 시작했다.

그 기간 동안 몸과 마음은 따로 움직였다. 아파도 일에 대한 욕심은 사라지지 않았다. 멈추면 뒤처질까 두려웠다. 치열하게 달려왔는데 그깟 병에 무너지기 싫었다. 마음은 몸이 이미 무너졌다는 사실을 여전히 부정했다. 그러나 '정신력이 몸을 이길 수 있다'는 오래된 신념에는 차츰 금이 가고 있었다.

"오늘… 피 다섯 통을 뽑았다. 지혈하는 중에 엄마한테 전화가 걸려왔다. 통화를 마치고 채혈실을 나오면서 눈물이 쏟아졌다. 내가 내일도 살아 있을까? 하는 생각에…"(2019년 5월 18일)

"서울대입구역 6번 출구로 나와 횡단보도를 향해 걸었다. 신호등에 녹색불이 들어왔고, 나와 같은 방향으로 걷던 사람들이 황급히 달리기 시작했다. 하지만 난 달릴 수 없었다. 고작 열 걸음만 더 걸으면 횡단보도인데 그게 안 됐다. 신호등은 내 속도를 기다려주지 않았고 횡단보도 앞에 도착했을 땐 신호가 이미 빨간색으로 바뀌었다. 몸이 아프니 다른 사람에게 의존하게 되고, 혼자 할 수 있는 게 줄어든다."(2019년 5월 23일)

2019년 6월 17일, 서너 달 만에 염증 수치가 정상 범위 안으로 들어왔다. 하지만 이후에도 통증이 급성으로 나타나 병원에 자주 드나들었다. 병원 출입이 익숙해지는 동안, 몸과 마음은 아주 조금씩 가까워졌다. 그리고 마침내, 나를 받아들이기 시작했다.

몸의 신호에 귀 기울이며

10년간의 질주는 많은 것을 안겨주었다. 서울예고와 서울대 합격, 대학 4년 전액 장학금, 들어가고 싶었던 동아리와 외부 활동, 지원한 일자리도 모조리 합격했다. 목표를 세우면 끈질기게 해냈고 '하면 된다'는 자신감은 나를 거침없이 질주하도록 독려했다. 세상의 기준으로 보자면 내 발걸음은 성공에 가까웠다. 하지만 예상치 못한 병세로 일상이 뒤집혔다. 강제로 삶의 속도가 늦춰졌다. 속도가 느려지니 처음으로 주변이 보였다. 눈물로 뒤덮인 일기장이 마를 즈음 고개를 들어 바라본 세상은 푸르렀다. 싱그러운 풀잎 향기가 계절을 적셨고 하얀 구름 아래로 새들이 날아다녔다. 당연했던 것들이 전과는 다르게 다가왔다. 이 모든 것이 새삼 신비로웠다. 살아 숨 쉬는 것만으로도 감사함이 밀려왔다.

아무것도 할 수 없는 시간들은 삶을 반추하게 만든다. 곰곰이 지난 10년을 돌아보니 이룬 것 못지않게 잃은 것도 많았다. 가족과 함께한 추억은 희미했고, 취미도 없었다. 여행을 간 기억도 흐릿했다. 성공을 위해 많은 것을 미뤘지만 성공 이후에 다시 찾을 수 없는 것들도 있다는 걸 알지 못했다. 별것 아닌 대화를 나누거나 이유 없이 거리를 걷는 시간. 머리를 비우고 아무 생각 없이 좋아하는 음악을 듣는 것도. 이전에는 비효율적이라고 느낀 그 시간들이 삶을 얼마나 풍성하게 하는지를 잊고 살았다.

그제야 나에게 물었다. "내가 바란 성공이 정말 이런 모습이었을까?" 내게 성공은 뼛속 깊이 새겨진 강렬한 욕망이자 생존과 직결된 문제였다. 그런데 의문이 들었다.

성공했을 때 옆에 아무도 없다면 진정한 성공일까?
성공의 기쁨을 함께 나눌 사람이 없다면 진정으로 행복할까?
성공했는데 건강이 나빠져 병상에 누워 있다면 성공일까?

모든 물음에 대한 내 대답은 '아니'였다. 나는 처음으로 성공을 재정의했다. 성공은 혼자 도달하는 곳이 아니라 함께 머무는 곳이 돼야 한다고. 세상이 바라보는 성공이 아니라 나에게 의미 있는 성공. 무엇을 이루었느냐가 아니라 어떤 삶을 살고 있는지. 남들이 선망하는 삶이 아니라 내가 만족하는 삶. 완벽을 향해 가는 것이 아니라 나다운 발걸음을 쌓아 가는 것. 타인의 기준이 아닌 나만의 리듬으로. 아프고 나서야 중요한 것들을 돌아볼 기회를 얻었다. 과정은 고통스러웠지만 그 정도의 고통이 없었다면 멈추지 않았을 걸 알기에 감사했다. 나는 몸이 정신에게 졌다는 사실을 인정했다. 그리고 몸을 위한 시간을 마련하며 새로운 삶의 리듬을 꾸려가기 시작했다.

아프고 난 뒤 내 속도는 분명히 느려졌다. 몸 구석구석에 언제 다시 발발할지 모르는 염증이 도사리고 있었다. 거북이가 된 내가 토끼의 속도에 맞춰 달리려고 하다간 쓰러질 게 분명했다. 더는 세상의 속도에 맞춰 살 수 없었다. 내 속도와 리듬에 맞춰 사는 법을 익혀야 했다. 느려진 발걸음에 맞춰 일상을 재정비해야 했다.

입원해 있던 당시, 일명 '고통일지'를 만들어 일기를 썼다. 고통이 사라지기를 바라는 마음으로. 나중에 그 일기장을 펼쳐 보았을 때 지금의 아픔을 기억할 수 있도록. 그래서 다시는 건강이 이토록 망가지는 실수를 하지 않도록 몸이 보내는 신호를 기록하고 감정을 헤아리고 괴로움과 걱정을 풀어냈다.

중학생 때부터 써온 일기는 투병 기간에도 내 친구가 되었다. 움직일 수 없는 날들이 이어지는 동안 나는 일기장을 펼쳐 그날의 감각을 글자로 새겼다. 내가 겪는 것들을 하나씩 기록하면서 아픈 나 자신을 더 깊이 들여다보았다. 어떤 날은 질병을 받아들이기 어려웠고, 어떤 날은 그 안에서도 의미를 찾으려 했다. 그런 모든 감정들을 일기에 담아내고 나면 마음이 한결 정리되었다. 내 몸이 보내는 신호를 따라가면서 새로운 리듬을 그려나갔다. 그 과정에서 일기는 나에게 제일 진솔한 목소리를 들려주었다.

솔직히 말하자면 지금도 일은 내 삶에서 중요한 부분을 차지한다. 하지만 그 속성이 달라졌다. 이전에는 아득바득 남에게 증명하기 위해 일을 했다. 그러나 지금은 내 리듬에 맞춰 나의 만족과 세상의 필요를 연결하며 일한다. 물론 세상의 인정과 사회적 성공에 대한 갈망이 없는 건 아니다. 내게 일은 지금도, 오늘을 살아가게 하는 원동력이 된다. 다만 예전처럼 '일만이 전부'라고 생각하지는 않는다.

나는 이제 삶을 '일, 쉼, 관계' 세 흐름으로 조화롭게 엮어간다. 소중한 사람과 식사할 땐 대화에 집중하며 그 즐거움을 만끽한다. 혼자 하는 산책도 좋아하게 되었고, 더는 휴식을 게으름으로 비난하거나 뒷전으로 미루지도 않는다. 일하는 중간중간 스트레칭을 하고, 한 달에 한 번은 낯선 동네로 작은 여행을 떠나 신신한 자극을 받는다. 이런 소소한 변화들이 쌓이자 삶이 훨씬 다채롭고 지속 가능한 방향으로 흘러갔다.

나다운 리듬을 타면 내 속도에 맞춰 삶을 조율할 수 있다. 나를 존중하며 내가 지치지 않는 방식으로 나아갈 수 있다. 달리던 기차가 멈춰선 지 6년이 지났다. 쉼 없이 질주하던 트랙을 벗어나 비로소 나에게 어울리는 보폭으로 걷는다. 매일 도화지 위에 나를 닮은 결을 그린다. 내 고유한 리듬 속에서 자유롭게 춤추며 온전한 나로 살아간다.

이런 삶의 리듬은 결국 한 사람의 고유한 기질과 성향, 욕구, 감정에서 비롯된다. 그리고 그 리듬을 온전히 이해하고 조율하려면, '나'라는 존재를 먼저 알아야 한다. 내가 어떤 사람인지, 무엇에 마음이 움직이고 무엇에 상처를 받는지, 어떤 방식으로 살아갈 때 충만함을 느끼는지. 그런 질문들이 모여 삶의 방향을 뚜렷하게 만든다. 지금부터 그 질문의 시작점으로 들어가보려 한다.

1

정신력이
몸을
이길 수
있다고
믿었다

2

자기이해
외적 동기에서 내적 동기로

3

하루

4

일주일

5

한달

6

1년

쓰면서 알게 된 나, 일기라는 생활의 기술

2009년 겨울, 느닷없이 일기를 썼다. 시작은 거창하지 않았다. 하지만 매일의 기록이 해를 거듭하면서 나에 대한 이해가 깊어졌다. 생각을 글로 옮기고 시각적으로 나를 표현하는 과정에서, 감정과 생각을 객관적으로 바라보는 힘이 생겼다. 내가 무엇을 원하고 무엇을 두려워하는지 조금씩 윤곽이 잡혔고, 본질에 가까운 나를 알게 되었다. 스스로에 대한 이해도가 높아질수록 인생의 방향키를 내가 직접 쥐고 있다는 안도감이 들었다.

16년 전, 내 삶의 중심은 외부에 있었다. 부모님의 기대, 친구들의 관심, 선생님의 인정에 부응하는 것이 무엇보다 중요했다. 질병으로 쓰러지기 전까지는 그랬다. 아프고 나서 신체적 한계를 깨달은 뒤, 새롭게 중심을 다잡고 일어나야 했다. 주체적으로 무언가를 할 수 있던 감각을 되찾고 싶었다. 그 감각을 다시 살리기 위해 나는, 내 안에서 변한 것과 변하지 않은 것들을 구체적으로 관찰했다. 예전처럼 오래 앉아 있을 수 없었고, 몸이 쉽게 피로해졌다. 무엇보다 성공에 대한 정의가 달라졌다. 하지만 나는 변함없이 내가 품은 것들을 갈무리해 누군가에게 건넬 때, 세상과 가장 깊이 이어져 있다고 느꼈다. 그때 처음 알았다. 아무리 몸이 변하고 환경이 흔들려도 내 안에서 오래도록 자리를 지켜온 본질은 변하지 않을 수 있다는 걸. 이런 작은 조각들을 하나씩 기록하며, 외부가 아닌 내 안을 향해 돋보기를 비추었다. 그 과정에서 자연스럽게 세 가지의 중심축이 떠올랐다. 가치관, 정체성, 인생관.

중요한 결정을 내릴 때 방향타가 되어주는 '가치관', 삶이 흔들릴 때 중심을 잡아주는 '정체성', 인생이라는 긴 여정의 길을 밝혀주는 '인생관'. 이 세 가지는 나를 붙잡아주는 뿌리였다. 이 축들이 흐릿했던 시절엔 타인의 기대에 휘둘렸고 자주 흔들렸다. 반대로 이 축이 단단해지면서 어떤 상황에서도 나다운 방향을 선택할 수 있었다. 16년간 일기를 쓰며 스스로에게 던진 질문의 답을 찾아가는 과정에서 다져진 축이, 내 기순이 되었다.

나를 이해하고 내 본질을 존중하자 외적 동기에 이끌렸던 삶이 점차 내적 동기로 움직여갔다. 이렇게 방향이 바뀌는 과정에서 다양한 성취도 있었고, 수많은 시행착오도 있었다. 여전히 배워가는 중이다. 하지만 분명한 건 지금의 내가 16년 전보다 훨씬 더 넓고 깊게 나를 이해한다는 사실이다.

내가 나를 완벽하게 안다는 뜻은 아니다. 자기이해는 단번에 끝나지 않고, 평생에 걸쳐 이어진다. 지금까지의 나는 알아도 내년의 나와 내후년의 나는 알 수 없다. 그러나 내 본질에 대해 선명하게 이해한다면 변해가는 나를 두려워하지 않고 두 팔 벌려 안아줄 수 있게 된다. 사람은 조금씩 변하지만, 그 모든 변화를 품고도 지켜지는 무언가가 있다. 나는 그걸 본질이라고 여긴다.

인생의 나침반이 되는 가치관 찾기

2

자기이해

가치관이 중요한 이유

가치관? 어쩐지 딱딱해 보이는 이 단어가 낯설게 다가올지도 모르겠다. 그래도 우리는 어렴풋이 안다. 가치관이 중요하다는 사실을. 그리고 가치관이 분명해지면 조금 더 나답게 삶을 꾸릴 수 있다는 걸.

나 역시 처음에는 가치관을 어떻게 찾아야 할지 몰랐다. 심지어 가치관이 내 바깥에 있다고 생각한 적도 있었다. 하지만 16년이라는 긴 시간에 걸쳐 마음속 욕구들을 탐구하고, 내가 끌리는 문장들을 수집하고, 내가 쓴 일기를 다시 읽는 과정을 반복하자 내 가치관이 서서히 보이기 시작했다.

가치관의 사전적 정의는 아래와 같다.

가치관

가치에 대한 관점. 인간이 자기를 포함한 세계나
그 속의 사상에 대하여 가지는 평가의 근본적 태도

다시 짚어보면 가치관은 가치를 바라보는 '관점'이다. 저마다 고유한 기준이 있기 때문에 사람마다 가치관이 다를 수밖에 없다. '만족'에 대한 기준 역시 마찬가지다. 높은 연봉과 경제적 안정, 여유가 주어지면 주말을 반납하고 일에 매몰된 채 살지도 모른다. 반면, 먹고살 수 있는 정도의 연봉이지만 평일 저녁과 주말에 취미 시간을 보내며 일과 개인생활의 균형을 유지할 수도 있다. 이때 무엇에 우선순위를 두느냐는 저마다 중요하게 여기는 것에 따라 달라지고 그 중요한 것을 우리는 '가치관'이라 부른다.

프랑스의 작가이자 철학자인 장 폴 사르트르는 "인생은 B와 D 사이의 C"라고 말했다. 인생은 탄생Birth과 죽음Death 사이의 선택Choice으로 이루어진다는 말이다. 이는 매우 적확한 표현이다. 인생의 모든 순간은 선택으로 이루어진다.

만약 우리가 해야 할 선택이 점심 메뉴나 옷차림 같은 문제로 한정된다면 굳이 가치관을 고민할 필요는 없다. 일상적인 선택들에 영향을 미치는 건 취향에 가깝다. 문제는 우리의 삶을 좌우하는 중대한 선택의 순간에 생긴다. 가령 학교에 진학할지 말지, 어떤 전공을 선택할지, 회사에 갈지 사업을 할지, 결혼을 할지 말지, 아이를 낳을지 말지 등등. 이처럼 삶의 방향을 결정하는 선택 앞에서 우리는 가치관을 바탕으로 결정을 내린다. 즉, 가치관을 명확히 알수록 중요한 순간에 더 '나다운 선택'을 할 수 있다.

그래서 나는 중요한 결정을 앞둘 때마다 스스로에게 되묻는다. '지금 이 선택은, 내 중요한 가치를 지켜주는 걸까?' 만약 '아니'라는 답이 나오면 아쉬워도 우선순위를 낮춘다. '응'이라고 대답이 나오면, 주저 없이 선택한다. 그렇게 내가 중요하게 여기는 가치를 향한 선택들을 반복할 때, 작지만 분명히 나다운 삶의 결이 만들어진다.

어느 날부터 일기를 쓸 때 '나는 왜 이걸 좋아하지?, 나는 무엇을 추구하지?, 이건 왜 해야 하지?'와 같은 질문을 자주 던졌다. 돌이켜보면 나는 늘 의미를 찾고 싶었던 것 같다. 그런 질문이 들 때면 자문자답하며 나만의 답을 알아내려고 했고, 그렇게 쌓아올린 답들 안에서 내 기준들이 또렷해졌다.

그러니 처음엔 어렵게 느껴지더라도 괜찮다. 이 안의 내용은 내가 실제로 스스로에게 물었던 질문들과 활동들이다. 당신의 귀에도 삶의 방향타를 찾고 싶다는 내면의 메아리가 울린다면, 그 울림을 단서 삼아 '가치관'이라는 퍼즐 조각을 맞춰보면 좋겠다.

150개의 단어, 3개의 선택

대학 시절, 한 수업의 마지막날이었다. 교수님이 강의실에 들어오자마자 화면에 100여 개의 가치 단어를 띄우고 말했다. "이 중 3개를 고르고 우선순위를 매겨보세요."

학생들은 무슨 활동인지 모른 채 단어를 골랐다. "이거 왜 하는 거야?" 여기저기서 웅성이는 소리가 들렸다. 5분 뒤에 몇몇 학생들이 일어나 자신의 단어를 발표했다. 그리고 교수님은 뜻밖의 소식을 전했다.

"오늘 수업을 마지막으로 교정을 떠나 현장으로 나갑니다."

존경하던 교수님의 청천벽력 같은 말에 강의실이 술렁였고, 탄식이 터져 나왔다. 학생들의 표정에 아쉬움이 묻어났다. 교수님은 인자하게 웃으며 이야기를 이어갔다. "제가 지금 40대이니 제 인생은 지금까지 살아온 만큼 남았다고 볼 수 있어요. 이 나이가 되면 진로 고민이 끝날 줄 알았는데 여전히 고민하게 되더라고요. 얼마 전 좋은 기회가 찾아왔어요. 다시 현장에서 일할 수 있는 기회였죠. 몇 년 전 현장을 떠나 학교로 돌아올 때도 쉽지 않은 결정이었기에 이번에도 많은 고민이 있었답니다. 그때 제 가치관을 돌아보았어요. 수많은 가치 중에서도 '변화'가 가장 눈에 들어오더라고요. 끊임없이 변하는 세상과 발맞춰 살고 싶고 저 자신도 변화가 많은 곳에 두고 싶었습니다. 그래서 더 늦기 전에 다시 현장으로 돌아가야겠다고 결정했어요." 교수님의 이야기가 끝나자 아쉬움 섞인 탄식은 존경과 응원의 박수로 바뀌었다.

가치관은 삶의 중요한 선택 앞에서 방향을 잡아주는 나침반이다. 무엇이 옳고 그르냐가 아니라 '나에게 맞는 길'을 찾게 돕는다. 그래서 우리는 가치관을 탐구해야 한다. 당시 수업에서 했던 활동을 내 식대로 응용해 나만의 가치관을 찾을 수 있도록 다음 페이지의 내용으로 구성했다.

> 가이드라인

150개의 단어가 있다. 이 중 눈에 들어오는 10개의 단어에 동그라미를 친다. 형광펜으로 표시해도 상관없다. 선택은 빠르게 한다. 너무 많이 고민하지 말고 직관적으로 하는 게 좋다. 먼저 10개의 단어에 순위를 매긴 뒤 최종적으로 3개의 단어를 남긴다. 남은 3개가 나의 '가치 단어'다. 이 활동은 가치관을 직관적으로 탐색할 수 있게 도와준다.

가족	능력	다름	성장	성취	이해	인정	집중	창의	꿈
감사	낙관	대화	성실	소박	이상	유쾌	집단	창조	통찰
감성	나눔	도덕	성공	소신	의지	자극	질서	책임	자신감
개인	기여	도움	섬김	소유	의미	존재	진취	청빈	자존감
건강	기부	도전	상생	소통	의리	자비	진실	친밀	호기심
결과	끈기	독립	사랑	승리	윤리	자아	현명	침착	즐거움
결단	긍지	존중	비전	신앙	유연	자유	진리	쾌락	유대감
겸손	긍정	만족	현실	실용	협동	자율	지혜	탐구	위대함
경쟁	유능	명성	봉사	실행	웃음	야심	지조	평등	워라밸
경험	균형	명예	보상	안정	우정	저항	지식	평범	영향력
계획	근면	모험	보람	애국	용기	적극	지배	평안	리더십
공감	재치	목표	변화	양보	완벽	전통	중용	평화	다양성
공정	재미	몰입	배움	양심	온정	절약	주관	포용	공동체
공존	관용	미래	배려	여유	온화	절제	존경	행동	혁신
과정	관계	신뢰	발전	열정	예의	정의	정직	행복	헌신

(1단계) 150개의 단어 중 내가 중요하게 여기는 가치 10개를 표시한다. 형광펜으로 표시하거나 펜으로 동그라미를 친다.

(2단계) 10개의 단어를 우선순위에 따라 적는다.
1순위부터 10순위까지 나에게 중요한 순서대로 적는다.

1.
2.
3.
4.
5.
6.
7.
8.
9.
10.

(3단계) 상위 3개의 가치 단어를 나만의 언어로 정의한다.
똑같이 '사랑'을 골라도 사람마다 의미가 다르다. 누구에게 사랑은 '힘든 순간에 옆에 있어주는 것'일 수 있지만 다른 이에게는 '멀리서 나를 응원해주는 것'일 수도 있다. 우리가 어떤 걸 생각하고 경험하느냐에 따라 가치 단어의 의미가 달라진다. 그래서 3개의 가치 단어를 나만의 언어로 정의하다 보면 그간 깊게 생각하거나 말로 하지 못했던 내 내밀한 속마음을 알게 된다. 그렇다면 이제 '나에게 ㅇㅇ이란 무엇인가?', '나에게 ㅇㅇ이 왜 중요한가?' 두 가지 질문을 떠올리며 답해보자.

1. _____

_____
_____
_____
_____
_____

2. _____

_____
_____
_____
_____
_____

3. _____

일상 관찰 삼각형

가치관을 어떻게 발견해야 할지 막막하던 때가 있었다. 그러다 의외로 가까운 곳에서 힌트를 찾았다. 내가 어디에 돈을 쓰고, 어떤 콘텐츠에 시간을 들이며, 누구와 함께 시간을 보내는지 떠올리자 감이 잡혔다. 가치관은 결국 내가 '중요하게 여기는 것'과 관련된다는 사실과 그 중요한 것에 시간과 돈을 쓴다는 당연한 진리를 번뜩이듯 깨우쳤다.

그렇게 일상을 관찰하는 항목을 세 가지로 구성했고, '일상 관찰 삼각형'이라는 이름을 붙였다. 지출, 시청 기록, 관계라는 세 지점을 따라가다 보면 자연스레 내가 중요하게 여기는 것이 무엇인지 명료하게 볼 수 있다.

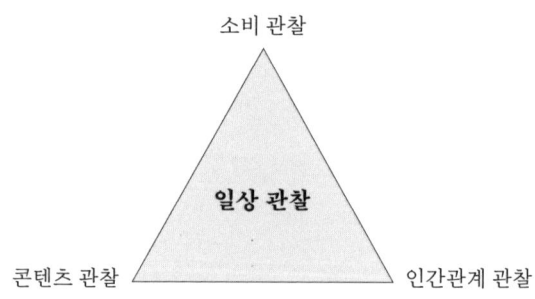

── 가이드라인 ──

소비, 콘텐츠, 인간관계 이 세 가지 측면의 질문이 각각 3개씩 있다. 질문에 찬찬히 답하며 나를 관찰해보자. 이 활동을 통해 내가 어떤 가치를 중시하는지 깊게 파악할 수 있다.

① 소비 관찰

가계부를 쓴다는 친구의 얘기를 듣고 '내가 어디에 가장 돈을 많이 쓰고 있지?' 문득 궁금해졌다. 카페? 외식? 옷? 호기심이 생겨 결제 내역을 들여다봤다. 예상보다 많은 금액이 책에 쓰이고 있었다. 책은 망설임 없이 사면서도 아이폰 8 플러스를 6년 동안 쓸 정도로 전자기기는 몇 년씩 버텼다. 업데이트가 끊긴다는 소식이 뜬 뒤에야 겨우 새 휴대폰으로 바꿨다. 물론 가격대의 차이도 있긴 하지만, 나에겐 '최신' 기술보다 '깊이'가 더 매력적이었다. 누군가는 새로움을 통해 영감을 받고, 누군가는 오래된 것에서 만족을 찾는다. 방식은 달라도 그 안에는 각자의 가치관이 담겨 있다.

1. 내가 가장 돈을 많이 지출하는 항목은 무엇인가?

어떤 부분에 가장 많은 돈을 지출하는지 생각해보자. 외식, 여행, 미용, 교육, 선물, 투자, 모임 등. 무엇을 소비하는지 살피면 삶에서 어떤 항목이 내게 가치 있는지 확인할 수 있다. 선물하는 데 돈을 많이 쓴다면 '나눔'에 가치를 두는 사람일 가능성이, 투자하는 데 돈을 많이 쓴다면 '경제적 자유'에 가치를 두는 사람일 가능성이 높다.

2. 소비 항목 중 줄이고 싶은 것과 더 늘리고 싶은 것은 무엇인가?

줄이고 싶은 지출은 나에게 덜 중요한 항목일 가능성이 높다. 반대로 더 지출하고 싶은 것은 내가 가치 있게 여기는 부분일 것이다. 예를 들어 외식비를 아껴 강의 수강에 투자하고 싶다면 '성장'에 가치를 두고 있다는 의미가 될 수 있다.

3. 소비할 때 가장 중요하게 여기는 요소는 무엇인가?

다음 항목 중 나에게 중요한 기준을 골라보자. 여러 가지를 선택해도 된다. 내가 우선으로 두는 소비 기준 속에 내 가치관이 담겨 있다. [적합성/혁신성/안정성/영향력/지속 가능성/브랜드/디자인/편리성/가격/품질/경험/기능/인정/인지도]

_____

_____

_____

_____

② 콘텐츠 관찰

요즘은 소개팅에서도 '어떤 영화 좋아하세요?'라는 질문 대신 '어떤 유튜브 채널 구독하세요?'라는 질문을 더 자주 한다고 한다. 우리는 하루에도 수많은 콘텐츠를 보고, 듣고, 흘려보낸다. 그렇다면 '나는 어떤 콘텐츠를 주로 볼까?'

내 유튜브 시청 기록을 훑어보니 주로 인터뷰나 다큐멘터리 클립이었다. 누군가의 삶을 간접으로 경험하는 콘텐츠를 오래 곱씹는 편이었다. 내 시청 목록을 보며 내가 사람의 내면이나 삶의 다양한 구석, 말의 맥락에 관심이 많다는 걸 새삼 인지했다.

내가 어디에 시간을 들이는지는 어쩌면 돈보다 더 정직한 가치관을 드러내는 지표일지도 모른다.

1. 콘텐츠를 고를 때 가장 중요한 기준은 무엇인가?

나는 어떤 기준으로 콘텐츠를 볼까? 흥미로움? 유익함? 감동? 유머? 유튜브뿐만 아니라 영화, 드라마, 팟캐스트, 책 등 콘텐츠 범위를 넓혀서 생각해도 좋다.

_____
_____
_____
_____
_____

2. 내가 콘텐츠를 소비하는 이유는 무엇인가?

이번에는 시간을 들여 보는 콘텐츠에서 무엇을 얻으려는지 알아보려고 한다. ASMR을 자주 보는 사람은 심신의 안정을 얻고 싶을 수 있고, 게임 플레이를 보는 사람은 몰입감과 재미를, 여행 콘텐츠를 즐겨보는 사람은 대리 만족이나 새로운 경험을 느끼고 싶을 수 있다. 같은 콘텐츠를 보더라도 사람마다 얻고 싶은 목적 또한 다를 수 있다.

_____

3. 가장 기억에 남는 콘텐츠는 무엇인가? 어떤 점이 기억에 남는가?

지금까지 본 수많은 콘텐츠 중에서 유독 기억에 남는 콘텐츠가 있는가? 하루에도 수백만 개의 콘텐츠가 쏟아지는 시대다. 하지만 어떤 콘텐츠는 시간이 지나도 머릿속에 남아 있고 어떤 콘텐츠는 스쳐 지나간다. 특별히 기억에 남는 콘텐츠가 있다면 그 이유는 무엇인가? 감동적이어서 그랬는지, 통찰을 줘서 그런 건지, 내 신념을 건드린 부분에 신선한 자극을 받은 건지 등등. 특정 시기에 본 콘텐츠가 그 시기의 내 고민과 맞닿아 있을 수도 있다.

③ 인간관계 관찰

'그 사람을 알려면 그의 가장 친한 친구를 보라'는 말이 있다. 우리는 '누구와 함께 시간을 보내는지'를 통해 자신의 색깔을 조금씩 드러낸다. 나 역시 예전엔 많은 사람을 만나고 관계의 폭을 넓히는 것이 중요하다고 여겼다. 그래서 가고 싶지 않은 모임에도 꾸역꾸역 나가곤 했다. 하지만 시간이 흐르면서 인간관계의 결도 범위도 자연스럽게 바뀌었다. 무언가를 의도해서 줄인 건 아니었다. 그저 함께 있을 때 편안한 관계에 오래 머물게 됐고, 나를 소진시키는 관계에서는 천천히 멀어졌다. 예전 같았으면 관계가 멀어질 때 불안했겠지만, 이제는 안다. 내가 누구와 있을 때 편하고 즐거운지, 어떤 관계 속에서 나다워지는지를.

관계를 들여다보면 내가 지키고 싶은 가치가 보인다. 나를 진솔하게 표현할 수 있는 관계, 깊은 대화를 나눌 수 있는 관계, 고요한 신뢰가 흐르는 관계. 그런 관계 안에서 나는 가장 편안했다.

1. 어떤 사람과 함께할 때 편안함을 느끼는가?

좋아하는 사람들의 공통점을 살펴보면 내가 중요하게 여기는 가치를 발견하게 된다. 친한 친구들의 특성을 떠올렸을 때 '다들 되게 자상해'라고 느낀다면 관계에서 '배려'를 중요하게 여긴다는 의미일지도 모른다.

_____

_____

2. 인간관계에서 가장 중요하게 여기는 요소는 무엇인가?

상대가 시간 약속을 잘 지키는 것이 중요한가? 상대에게서 배울 점이 있는 게 중요한가? 함께 있을 때 즐겁고 유쾌한 게 중요한가? 대화가 잘 통하는 게 중요한가? 신뢰할 수 있다는 점이 중요한가? 인간관계에서 중요하게 여기는 지점은 사람마다 다르다. 관계 속에서 내가 중요하게 여기는 요소를 정리해보면 지향하는 관계의 방향성이 뚜렷해진다.

3. 어떤 칭찬을 들었을 때 가장 만족스러운가?

내가 중요하게 생각하는 가치와 맞닿은 칭찬만큼 기분 좋은 칭찬이 또 있을까. "넌 정말 믿을 만한 사람이야"라는 칭찬을 들었을 때 기분이 좋다면 '신뢰'를, "너랑 같이 있으면 너무 즐거워서 시간 가는 줄 모르겠어"라는 칭찬이 좋다면 '재미'와 '유쾌함'을 중요하게 여기는 사람일 것이다. "너랑 있으면 마음이 편안해"라는 칭찬을 듣고 싶다면 '존중'을 중시하는 사람일 수 있다. 어떤 칭찬을 받을 때 기분이 좋은지 돌아보며 내가 인간관계에서 원하는 것을 들여다보자.

가치관을 발견하는 다섯 가지 인생 문장

대학생 때 학교 상담 센터에서 상담을 받은 적이 있다. 그때는 진로와 삶의 방향에 대한 고민이 깊어지던 시기였다. 상담을 받으며 여러 성격 및 심리 검사를 했는데, 그중 유독 눈에 띈 검사는 '문장 완성 검사 Sentence Completion Test, SCT'였다.

검사지는 빈칸이 있는 문장들로 이루어져 있었다. 주어진 문장을 채워 넣기만 하면 나를 분석해주는 검사란다. 낯선 문장들을 하나씩 완성해가는 게 흥미로웠다. 빈칸을 채우는 그 단순한 활동을 하면, 내 신념과 가치관이 무의식에 어떻게 담겨 있는지 알 수 있다니. 내가 중요하게 여기는 것, 나를 움직이는 원동력, 내가 피하고 싶은 상황들이 빈칸을 채우며 생생해졌다.

검사를 마치고 나서도 그 여운은 오래 이어졌다. '좋은 질문이 좋은 답을 이끌어낸다는 게 이런 거구나.' 그 이후로도 일기를 쓸 때면, 검사지에서 봤던 비슷한 문장들을 떠올리며 스스로에게 질문을 던지곤 했다. 몇 해를 보내고, 그때의 경험을 나만의 방식으로 재해석해보고 싶었다. 그래서 일기 속에서 오랫동안 나에게 던져온 질문 중 5개를 추려 '가치관을 발견하는 인생 문장'으로 묶었다.

🔴 가이드라인

각 문장의 빈칸을 나만의 답으로 채운다. 문장 완성 검사를 할 때는 직관적으로 바로 떠오르는 것을 적으라고 하지만 이 활동에서는 깊고 느리게 생각한 뒤 적어도 좋다. 만약 질문에 대한 답으로 여러 문장이 떠올랐다면 그것들을 다 적어보고 그중에서 나를 가장 잘 설명하는 문구에 형광펜을 치거나 밑줄을 그어보자.

1. 어릴 때 나는 _____ 에 푹 빠졌다.

어린 시절, 나는 어떤 것에 몰두했었나? 유년기에는 외부로부터 받는 영향이 적기 때문에 순수하게 내 관심사에 집중하는 경우가 많다. 어릴 때 깊이 빠졌던 것을 떠올리면서 내 본연의 흥미와 가치관의 근원을 탐색해볼 수 있다.

2. 나는 _____ 한 삶이 가치 있는 삶이라고 생각한다.

내가 이상적으로 여기는 삶은 어떤 모습인가? 어릴 때부터 특별히 동경한 것이 있다면 무엇인가? 자유로운 삶, 누군가에게 도움이 되는 삶, 끊임없이 성장하는 삶, 사랑하는 사람과 평범한 하루를 보내는 삶 등 내가 가치 있다고 여기는 삶에 대해 나열해보자. 이것은 내 인생관과도 연결되며, 이를 알면 어떠한 선택 앞에서도 나다운 결정을 할 수 있다.

_____

_____

_____

_____

_____

3. 나는 _____ 한 사람이기를 원한다.

이 문장은 내가 지향하는 이상적인 모습이 무엇인지에 대한 질문으로 가치관뿐만 아니라 정체성을 탐색하는 질문이기도 하다. 배려 깊은 사람이기를 원하는지, 일을 똑부러지게 잘하는 사람이기를 원하는지, 언제나 새로운 도전을 즐기는 사람이기를 원하는지 등을 쓰면 된다.

4. 나는 죽기 직전에 _____ 에 대해 후회할까 봐 두렵다.

이 문장은 두려움을 통해 진짜 원하는 것을 찾도록 돕는다. 여기에 들어갈 내용은 내가 후회하고 싶지 않은 것이기도 하다. 상담심리학에서는 '사람이 가장 두려워하는 것은 사실 가장 원하는 것과 연결되어 있다'고 한다. 예를 들어 사랑하는 사람들과 더 많은 시간을 보내지 못한 걸 후회할까 봐 두렵다면 '관계'를 중요하게 여기는 사람에 가까울 수 있다. 내가 진짜 원하는 일을 해보지도 못하고 죽을까 봐 두렵다면 '자아실현'을 중시하는 사람일 수 있다. 죽기 직전 어떤 후회를 하고 싶지 않은지 적어보자. 내가 인생에서 절대 놓치고 싶지 않은 것이 무엇인지 알게 될 것이다.

5. 나는 죽기 직전에 살면서 _____ 하길 잘했다고 말하고 싶다.
역시 죽기 직전에 이건 진짜 하길 잘했다고 말하고 싶은 것은 무엇인가? 사랑하는 사람들에게 최선을 다했다, 나답게 살기 위해 용기를 냈다, 좋아하는 일을 하며 행복하게 살았다, 세상에 작은 흔적을 남겼다 등등 반드시 이루고 싶은 것을 적어보면 나에게 진짜 중요한 것이 무엇인지 선명해진다.

내 중심을 잡는 정체성 탐구

나인드맵 그리기

'정체성'이라는 단어는 왠지 조금 어렵고, 멀게 느껴질 수 있다. 우리는 흔히 '나는 어떤 사람인가?'라는 질문에 단 하나의 정답이 있을 거라고 생각한다. 하지만 살다 보면, 그 답이 꼭 하나일 필요는 없다는 걸 알게 된다. 정체성은 나를 이루는 다양한 요소들의 조합이다. 그 일부는 시간이 지나며 다듬어지기도 하고, 새로운 환경을 만나며 자연스럽게 확장되기도 한다.

사람은 한 가지 색으로 단정할 수 없는 존재다. 평소에 조용한 사람이 마음 맞는 사람과 있을 때는 수다스러워지기도 한다. '나는 논리적이야'라고 생각하는 사람이 때로는 감성적으로 판단할 수도 있다. 독립적으로 보이는 사람도 남에게 기대고 싶은 때가 있다. 이런 입체적인 모습들이 동글동글 모여, 미러볼처럼 다각도로 빛나는 '나'를 만든다.

그래서 정체성을 이해하는 과정은 자신에 대한 심도 깊은 탐색이다. 정체성을 알면 타인의 기대에 휘둘리지 않는 삶을 살 수 있다. 하지만 정체성을 찾는다고 해서 갑자기 인생의 모든 답이 나오는 건 아니다. 다만 나에 대한 선명한 인식이 생기면 '어떤 내가 되고 싶은지'에 대한 기준이 만들어진다.

일기를 쓰다가 문득, '나'를 주제로 마인드맵을 그려보고 싶었다. 어릴 적 그려본 마인드맵을 떠올리며, 무지 노트의 중심에 '나'를 놓고 관심사, 성격, 가족, 친구, 좋아하는 것들을 가지처럼 뻗어나가며 써 내려갔다. 재미있었다. 흩어져 있던 나의 생각들이 선을 따라 연결되었고, 생각들이 정리되자 나에 대해 더 또렷하게 이해할 수 있었다. 이후로도 나는 종종 이 활동을 반복해왔고, '나'와 '마인드맵'을 합쳐 '나인드맵'이라고 불렀다.

나인드맵은 나에 대해 정리하는 나만의 방식이다. 가지를 따라 단어를 연결하다 보면 예상치 못한 연결이 생기고, '아, 그래서 내가 이럴 때 즐거웠구나', '오, A랑 B가 비슷한 구석이 있네' 하는 식으로 스스로를 이해하게 된다. 예를 들어 '나는 새로운 걸 배울 때 즐겁다'와 '논리적으로 사고하는 걸 좋아한다'가 연결되면 '지식과 문제를 구조화하는 사고력'이 강점이라는 걸 깨닫게 된다.

나인드맵은 다양한 방식으로 활용할 수 있다.

- 내 취향: 좋아하는 음식, 음악, 패션 스타일, 책, 인테리어 등
- 진로 탐색: 흥미 있는 분야, 잘하는 것, 하고 싶은 일, 열망 등
- 미래: 5년 후 원하는 모습, 인생에서 이루고 싶은 것, 버킷리스트 등
- 인간관계: 가족, 친구, 연인, 직장 동료와의 관계 분석

이처럼 다양한 주제로 나인드맵을 그릴 수 있지만 처음 시작할 때 가장 쉽게 시작하는 방법은 좋아하는 것, 싫어하는 것, 잘하는 것, 못하는 것을 정리하는 것이다. 나의 흥미(좋아하는 것), 기피(싫어하는 것), 강점(잘하는 것), 약점(못하는 것)을 인식하면 선택의 기준을 세우는 데 도움이 된다. 이제 나인드맵을 활용해 브레인스토밍하며 나는 어떤 사람인지 알아가 보자.

가이드라인

마인드맵의 중앙에 '나'를 적은 뒤 사방에 네 가지 카테고리(좋아하는 것, 싫어하는 것, 잘하는 것, 못하는 것)를 쓴다. 각 항목에 대해 떠오르는 키워드를 자유롭게 확장하며 적는다. 완성한 나인드맵을 보며 내 특성을 파악한다. 추가로 '나를 둘러싼 인간관계', '내가 자라온 환경' 등을 나인드맵으로 응용해 적어볼 수도 있다. 예시 이미지를 참고해 나만의 나인드맵을 그려보자.

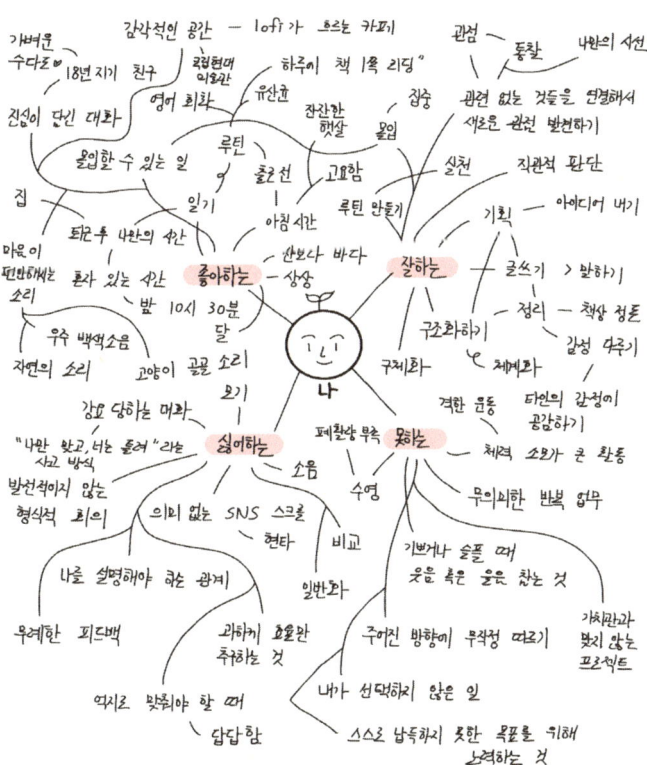

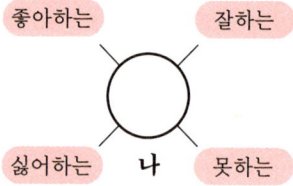

나인드맵 실습

용사놀이로 '나' 정의하기

나는 20대 초반 무렵, '나는 누구인가?'라는 질문 앞에서 자꾸만 멈칫하게 됐다. 그때부터 조금 재밌게, 하지만 진지하게 나를 표현할 수 있는 방법이 없을까 고민했다. 그렇게 탄생한 게 바로 '용사놀이'였다.

형용사의 '용', 명사의 '사'를 붙여 만든 이름으로, 형용사+명사를 조합해 나를 한 줄로 표현하는 활동이다. '차분한 탐험가', '계획적인 몽상가', '외로운 리더', '명랑한 사유가'처럼 말이다. 내가 스스로를 어떻게 부르느냐에 따라 세상을 바라보는 눈도 달라진다는 것을, 그 시절 체감했다.

나는 그때의 나를 '호기심 많은 세상 탐험자'라고 불렀다. 그러자 세상이 마치 탐험할 것으로 가득한 미지의 지도로 느껴졌다. 공부도, 일상도, 우연히 마주친 사람과의 대화까지도 모두 '탐험'이라는 틀로 연결되었다. 이렇게 형용사와 명사를 결합해 만든 정의는, 지금의 나를 반영하는 동시에 '내가 되고 싶은 나'를 품고 있었다.

2020년, 이 활동을 유튜브에 소개했을 때도 많은 사람들이 자신만의 '용사'를 만들었다. 7만 명이 넘는 사람들이 영상을 시청했고, 200개에 가까운 댓글이 달렸다. 그중엔 놀라울 만큼 기발하고 진심 어린 조합들도 많았다.

용사놀이는 단순한 놀이 같지만 나를 깊이 들여다보고, 또 지금보다 한 발 더 다가가고 싶은 나를 그리게 돕는 도구다. 스스로를 표현하는 문장 한 줄이 생각보다 많은 것을 바꾸기도 한다.

가이드라인

형용사와 명사를 붙여 나를 정의한다. 예시로 나와 있는 형용사와 명사를 활용해도 좋고 새로운 단어를 가져와도 된다. 나를 가장 잘 설명하는 문장을 만든다. 여러 개를 적어도 괜찮다. 명사는 가족, 직업, 사물, 동물, 자연, 장소 등의 카테고리로 나눠서 생각하면 쉽게 아이디어를 떠올릴 수 있다. 문장을 만든 뒤에는 왜 그 문장을 떠올렸는지 이유를 생각해보자. 그 문장이 나를 설명할 수 있는 이유는 무엇인가? 왜 그 문장과 나를 동일시했는가? 그렇게 나와의 대화를 이어가다 보면 당신만의 정체성이 드러날 것이다.

나는 _____한 _____(이)다.

형용사 예시

배려심이 있는, 친절한, 자유로운, 헌신적인, 다정한, 행복한, 정의로운, 주도적인, 활기찬, 모험적인, 긍정적인, 성실한, 유연한, 열심히 사는, 섬세한, 따뜻한, 창의적인, 유쾌한, 조용한, 정확한, 당당한, 신중한, 열정적인, 진취적인, 건강한, 절제력이 있는, 명랑한, 참을성이 있는, 차분한, 굳센, 야무진, 도전적인, 성숙한, 포용적인, 굉장한, 호기심이 많은, 결단력 있는, 평온한, 정다운, 특출난, 소신이 있는, 유능한, 추진력 있는, 온화한, 재치 있는, 강인한, 꿈꾸는, 미래지향적인, 현재지향적인, 활동적인, 똑똑한, 지혜로운, 창조적인, 사랑스러운, 아침에 일찍 잘 일어나는, 늦은 시간에 집중이 잘 되는, 욕심이 많은, 전략적인, 계획 세우는 걸 좋아하는, 게으를 때도 있지만 할 때 집중해서 하는, 식물을 좋아하는, 전원주택에 살고 싶은, 하고 싶은 게 많은, 꿈을 향해 나아가는, 자립심이 강한, 상냥한, 낯을 가리지만 따뜻한, 계획보단 흐름을 따르는, 관찰을 즐기는, 작게 실험하는 걸 좋아하는, 조용한 공간에서 에너지를 얻는, 실패도 괜찮다고 생각하는, 새로운 구조를 짜는 걸 좋아하는, 미적 기준이 분명한, 표현에 진심인, 조화를 중시하는, 자기만의 기준이 있는, 꾸준함의 힘을 믿는, 말보다 행동을 중시하는, 향기에 민감한, 혼자 있는 시간이 꼭 필요한, 물건을 오래 쓰는, 사계절을 예민하게 느끼는, 선선한 공기에 행복해지는, 아침 햇살을 좋아하는….

명사 예시

가족 | 할머니, 할아버지, 아빠, 엄마, 딸, 아들, 동생….

직업 | 선생님, 경찰관, 소방관, 요리사, 의사, 간호사, 변호사, 과학자, 프로게이머, 사업가, 예술가, 작가, 가수, 배우, 무용수, 마술사, 공학자, 건축가, 항해사, 우주비행사, 농부, 목수, 디자이너, 여행가, 고고학자, 파일럿, 조련사….

사물 | 펜, 책, 휴대폰, 컵, 키보드, 마우스, 안경, 지우개, 리모컨, 이어폰, 연필, 우산, 가방, 시계, 물티슈, 자, 스테이플러, 카메라, 베개, 열쇠….

동물 | 소, 토끼, 낙타, 사자, 곰, 호랑이, 개, 너구리, 양, 나무늘보, 개구리, 기린, 코끼리, 공룡, 다람쥐, 고양이, 상어, 나비, 닭, 고슴도치….

자연 | 나무, 땅, 하늘, 우주, 태양, 달, 지구, 바다, 산, 강, 호수, 숲, 들판, 폭포, 해변, 사막, 초원, 길, 밤하늘, 별, 빛, 별똥별, 행성….

장소 | 학교, 도서관, 놀이터, 집, 병원, 엘리베이터, 화장실, 지하철역, 카페, 편의점, 공원, 시장, 버스 정류장, 옥상, 바닷가, 산속, 미술관, 주차장, 비밀의 방, 동굴….

세 가지 선택 회고

생각이 꼬리에 꼬리를 물던 어느 날, 지금의 나를 만든 선택들을 곱씹어보았다. '그땐 왜 그렇게 결정했을까?' 되물었다. 답을 따라가다 보니 생각보다 많은 단서들이 눈에 들어왔다. 삶의 전환점, 갈등을 다루는 방식, 본능적으로 피하게 되는 선택들 속에는 삶의 태도와 성향, 정체성이 그대로 담겨 있었다.

  선택을 돌아보면 내가 보인다는 것을 그때 스치듯 깨달았다. 그렇게 스스로에게 던졌던 질문들을 하나의 활동으로 엮어보았다. 이름하여 '세 가지 선택 회고'. 나는 이 활동을 전환점, 갈등, 회피라는 세 가지 상황에 나눠 되짚어봤다. 삶이 요동치는 순간, 감정이 휘몰아치는 순간, 혹은 마냥 피하고만 싶었던 순간들. 그 선택의 이유를 따라가다 보면, 조그맣지만 명료하게 빛나는 '나'의 조각들을 발견하게 된다.

🌸 가이드라인

전환점, 갈등, 회피. 이렇게 세 가지 상황에 대해 내가 어떤 선택을 했는지, 왜 그런 선택을 했는지 돌아본다. 선택의 이유를 추적하는 과정에서 내면의 깊숙한 욕구와 기준을 확인할 수 있다.

① 전환점 선택 회고

누구에게나 인생의 흐름을 비틀어놓는 전환점이 있다. 내게는 2009년과 2019년이 그랬다. 이러고 보니 2029년쯤엔 또 어떤 변화가 찾아올지 벌써 살짝 긴장되는데⋯ 2029년은 좀 조심해서 살아야 할지도 모르겠다.

2009년, 갑자기 일기 쓰기와 미술을 시작했다. 당시에는 그게 인생을 통째로 바꿀 선택이 될 거라고는 상상도 못 했다. 그냥 끌려서 시작한 일이었다. 그런데 그 이후로 내 인생의 방향이 확연히 달라졌다. 생각을 글로 옮기고 시각적으로 나를 표현하는 과정을 반복하면서 처음으로 나다워지는 감각을 경험했다. 그리고 시간이 지난 뒤에야 그 선택들이 내 안의 '표현하고 싶은 욕구'에서 비롯되었다는 걸 알았다.

2019년에는 또 다른 전환점이 찾아왔다. 자가면역질환으로 일상이 무너져 내 몸을 내 의지로 다룰 수 없었다. 그런데도 나는 회사 인턴에 지원했고 통증을 안고 출근했다. 그때의 선택은 지금 돌아보면 다소 무모했고 스스로를 몰아세운 측면도 있었다. 하지만 그만큼 내가 성과와 성취에 나를 걸고 있었다는 걸 보여주는 대목이기도 했다. 이후 긴 고민 끝에 내가 '성취해내는 사람'이라는 정체성에 오래 매달려 있었다는 걸 깨달았다. 그리고 이 모든 과정이 나를 더 깊이 이해하게 만든 계기가 되었다.

1. 인생의 전환점을 떠올려보자. 그때 어떤 선택을 내렸는가?

진로를 선택할 때, 회사를 선택할 때, 이직할 때, 애인을 선택할 때, 자녀 유무를 선택할 때 등 인생에서 큼직한 전환점이 되는 순간들이 있다. 이때 어떤 선택을 내렸는지 돌아보자. 첫 번째 질문에서는 내가 내린 선택 그 자체에 집중해서 적어본다.

_____

_____

_____

_____

2. 왜 그런 선택을 했는지 이유를 면밀히 살펴보자.

선택을 내린 이유를 곱씹어본다. 선택을 하는 데 결정적이었던 이유가 무엇이었는지 그때 내 마음 상태는 어땠는지 회상해보자. 당시 주체적으로 선택했을 수도 있지만 어쩌면 다른 사람에 의해서 그 선택을 했을지도 모른다. 타인의 영향을 받은 선택이라고 해서 잘못되었다는 것은 아니다. 단지 그 선택이 나 혼자만의 결정으로 이루어진 선택이 아니었다는 것만 알면 된다.

_____
_____
_____
_____
_____

② **갈등 선택 회고**

아주 오래전, 마음이 오가던 누군가와 갈등을 겪은 적이 있다. 상대는 갈등이 생기면 그 자리에서 바로 이야기하며 풀어야 마음이 편해지는 사람이었다. 반면 나는 감정이 복잡할수록 혼자 생각을 정리하는 시간이 필요했다. 그러니 당연히 충돌이 일어났다. 나는 아직 준비가 되지 않았는데, 그는 기다리는 시간을 답답하게 느꼈다. 누가 잘못됐다기보다는 서로 성향이 달라 발생한 문제였다.

그때 관계 안에서 갈등이 흐르는 과정을 관찰하며 깨달았다. '갈등 상황에서 어떤 방식을 택하느냐'는 '한 사람의 내면이 작동하는 방식'과 깊이 연결돼 있다는 걸. 갈등을 해석하는 방식, 감정을 다루는 속도, 갈등을 풀어가는 언어. 그 안에는 한 사람의 성향과 가치관, 정체성이 고스란히 담겨 있었다. 이후 갖가지 갈등 상황에 직면할 때마다 스스로에게 이유를 물었다. 그러다 보면, 갈등 너머에 있는 나의 마음들을 서서히 마주하게 되었다.

1. 기억에 남는 갈등 상황은 무엇이고, 그때 나는 어떤 선택을 했나?

애인과 헤어질 위기에 처했을 때, 친구와 다툼이 있었을 때, 상사와 의견이 충돌했을 때, 거짓말을 해야 했을 때, 부모님의 기대와 내 선택이 충돌했을 때, 팀 프로젝트에서 누군가의 몫까지 내가 떠안게 되었을 때, 나에게 상처를 준 사람에게 먼저 연락할지 고민될 때, 가까운 사람이 내 비밀을 누설했을 때, 정의로운 선택이 손해를 감수해야 하는 상황일 때 등등. 가족, 친구, 일, 도덕적 딜레마, 감정 처리와 같은 다양한 영역에서 생기는 갈등 상황에서 나는 어떤 결정을 내렸는가.

_____

_____

_____

_____

2. 왜 위와 같은 선택을 했는지 그 이유를 면밀히 살펴보자.

갈등이 있을 때 내리는 선택은 자신의 도덕적 기준을 선명히 드러낸다. 이때는 이유의 잘잘못을 따지기보다는 그 선택 뒤에 어떤 감정, 신념, 가치가 있었는지를 파악하려고 노력해본다. 무엇을 지키기 위해 그 선택을 했는지, 무엇이 더 중요하다고 느꼈는지를 살펴보면 선택의 핵심 기준이 조금씩 드러난다.

_____

_____

_____

_____

_____

③ 회피 선택 회고

회피를 떠올리면 늘 도망치는 이미지가 먼저 연상됐다. 그래서인지 한때 '나는 회피하지 않아'라고 생각하기도 했다. 갈등이 생기면 숨기보다는 대화를 시도했고, 어려움이 있어도 피하기보다는 마주하려 했다. 그런데 어느 날 친구가 이렇게 물었다. "너는 감정을 눌러두는 편이야?" 그 말을 듣고 멈칫했다. 돌이켜보면 감정이 올라올 때마다 '지금은 감정에 휘둘리면 안 돼'라며 억누르는 습관이 있었다. 힘들다는 말을 감추거나, 혼자 있을 때만 눈물을 흘리는 등 누구에게도 민폐 끼치지 않으려는 방식으로 스스로를 지켜왔다. 대화에서 도망치진 않았지만, 감정 자체를 회피하며 나를 투명하게 만들었다. 그 회피를 인정한 순간, 나를 더 깊이 이해하게 되었다. 내가 상처받지 않으려고, 나약해 보이고 싶지 않아서 감정을 들여다보기를 회피했다.

그걸 깨달은 이후로는 감정이 올라올 때면 도망치듯 덮어버리기보다 잠시 멈춰 서서 바라보려 했다. 일기에 감정을 더욱 솔직하게 써 내려갔고, '나는 지금 왜 이렇게 불편하지?', '무엇이 나를 건드렸을까?' 같은 질문을 스스로에게 던졌다. 처음엔 어색했지만 천천히 감정의 모양을 익혀갔다. 이제는 불편한 감정이 올라와도 차분히 들여다볼 수 있다. 감정을 억누르지 않고 있는 그대로 마주하자 마음이 편안해졌다.

내가 한 회피는 타인보다 나를 먼저 돌보려는 방식이었고, 그 안에는 내 고유한 감정 처리 방식과 거리감, 책임감과 같은 태도가 담겨 있었다. 이처럼 회피는 피상적인 도망이 아니다. 그 안을 들여다보면 내가 어떤 상처를 피하고 싶은지, 어떤 모습으로 보이고 싶은지, 결국 '내가 어떤 사람인지'가 드러난다. 회피를 분석하는 일은 때로 정체성의 가장 깊은 층에 도달하는 통로가 된다.

1. 인생에서 회피했던 경험이 있는가?

어떤 상황에서 피하고 싶은 마음이 들었는지를 떠올려보자. 직장 동료와의 의견 충돌을 피한 적이 있는가? 새로운 도전 앞에서 망설이며 물러난 적은? 감정을 솔직히 표현하지 못하거나 중대한 결정을 미룬 적은 없는가? 회피했던 경험이 없다면 그것 또한 주목할 만한 특징이다. 내가 마주하지 못한 순간은 언제였는지 돌아보자.

2. 왜 그 상황에서 회피를 선택했는가?

그 선택 뒤에 어떤 감정이나 이유가 있었는지를 면밀히 살펴보자. 회피의 이유를 추적하면 내가 두려워하는 것뿐 아니라 내가 중요하게 여기는 가치도 보인다. 예를 들어 경쟁 상황을 피한다면 '평화'나 '안정'을 중시하는 사람일 수 있다. 도전을 회피한다면 '안전'이나 '예측 가능성'을 우선순위에 두고 있을 가능성이 있다. 회피하는 것 자체를 나쁘다고 하기 어렵다. 그것은 지금 내가 감당하기 어려운 감정이거나 더 중요한 가치를 지키려는 방식일 수 있기 때문이다. 회피는 내 신념과 삶의 기준을 비추는 거울이 된다.

정체성을 정립하는 다섯 가지 인생 문장

가치관을 찾는 질문에 답하다 보니, 새로운 궁금증이 들었다. 내가 중요하게 여기는 것은 이제 조금씩 보이는데, 그렇다면 그 가치를 지키며 살아가는 '나'는 어떤 사람일까? 그때부터 질문의 추가 '무엇을 추구하느냐'에서 '나는 누구인가'로 옮겨갔다.

정체성은 백지에서 그리는 게 아니다. 이미 내 안에 있는데, 어떻게 꺼내야 할지 몰라 헤맬 뿐이다. 그럴 때 '문장'이 다시 힘을 발휘했다. 머릿속에 자주 떠오른 질문을 빈칸이 있는 문장으로 바꾸자, 직감이 움직이며 빈칸을 채워나갔다.

그렇게 나는 일기 속에서 나를 오래 따라다닌 문장들 중에서 정체성을 비춰준 5개의 문장을 골랐다. 하나의 답으로는 설명되지 않는 정체성. 나의 천성과 성향, 역할과 환경, 나를 만든 요소들을 두루 담은 문장들이 필요했다. 이 다섯 가지의 문장은 지금의 내가 되기까지 가장 짙은 궤적을 남긴 질문들이다. 지금부터 하나씩 따라 적어보며, 당신도 스스로를 비춰볼 수 있으면 좋겠다.

> 가이드라인

아래와 같이 빈칸이 있는 다섯 문장을 자유롭게 채워보자. 생각나는 대로 개수에 상관없이 문장을 써 내려가보자. 그 다음, 나와 제일 잘 맞는 문장을 형광펜으로 표시한다.

1. 나를 가장 잘 표현하는 건 _____ 이다.

어떤 것이 나를 가장 잘 보여줄까? 옷차림, 집, 자산, 예술, 학교, 직업, 친구, 회사, 루틴, 책, 장소 등. 이외의 것들을 생각해도 좋다. 나를 가장 잘 설명할 수 있는 대상을 적고 그 이유까지 생각해보자.

_____
_____
_____
_____
_____
_____
_____

2. 나는 _____ 를 포기할 수 없다.

무슨 일이 있어도 절대 놓을 수 없는 것은 무엇인가. 그것은 삶의 중심축이 되기도 한다. 왜 그것만은 포기할 수 없는지 곰곰이 떠올려보자.

3. 나는 _____ 할 때 성취감을 느낀다.

성취감은 내가 살아있다고 느끼는 순간과 가깝다. 크든 작든 어떤 행동을 할 때 가장 몰입하고 희열을 느끼는가? 성취의 순간은 곧 나의 동기와도 연결된다.

4. 나는 _____ 한 역할을 할 때 가장 편안하다.

우리는 사회에서 여러 역할을 맡는다. 어떤 순간에는 아이의 엄마가 되고, 누군가의 친구가 되며, 회사에서는 팀장이 되고, 모임에서는 분위기 메이커가 되기도 하고, 후배에게는 멘토가 되기도 한다. 역할은 직책이나 직업을 넘어서 내가 주로 어떤 방식으로 세상과 관계 맺고 싶은지를 보여주는 그릇이다. 여러 역할 중에서도 내가 가장 자연스럽고 편안하게 몰입할 수 있는 역할은 무엇인가? 그 역할은 아마도 나의 본성을 가장 잘 드러내는 자리일 것이다.

5. 내가 부모님에게서 받은 것 중 _____ 이 가장 마음에 든다.

성격, 태도, 외모, 사고방식, 환경, 습관 등. 부모님에게서 받은 것들 중 지금의 나를 지탱하게 하는 요소는 무엇인가? 나를 만든 요소 중 다시 태어나도 받고 싶은 것을 떠올려보자. 그 이유를 함께 적으면 내가 중요하게 여기는 게 더 명확하게 보일 것이다.

_____

_____

_____

_____

_____

삶의 뼈대를 만드는 인생관 정립

인생은 ○○이다

"너 요즘 너무 무거워." 몇 년 전 친구에게 이런 말을 들었다. 당시 생각이 산더미처럼 쌓여 가벼운 농담도 진지하게 받아치고 깊은 이야기만 대화 주제로 꺼내곤 했다. 쉽게 웃지도 않았다. 내 인생은 100킬로그램짜리 추를 짊어진 듯 무거웠다. 그런 나를 지켜본 친구가 정곡을 찌른 것이다.

그 무게의 원인을 찾는 건 어렵지 않았다. 오래 만난 연인과 이별했고 진로에 대한 고민도 깊어졌다. 현실과 꿈 사이의 충돌, 불확실한 관계, 앞으로 나아가지 못하는 느낌. 그 모든 것들이 나를 짓눌렀다. 방에서 한창 고민에 잠겨 있다가 고개를 들었는데 크리스티앙 보뱅의 저서 『가벼운 마음』이 눈에 들어왔다. 표지에는 이런 문장이 있었다.

"누구도 너한테서 즐거움을 빼앗아 가지 못하게 해라"

그 문장을 읽는 순간 내 머릿속에 불쑥 한마디가 떠올랐다.

"인생은 춤이다."

춤? 춤은 그 자체로 목적이 된다. 완벽하지 않아도 괜찮다. 물론 공연을 위한 춤은 완벽해야 하지만 무용수가 아닌 내가 추는 춤은 어설퍼도 괜찮다. 중요한 건 음악에 몸을 맡기며 흐름을 따라가는 것이다. 나도 그렇게 살고 싶은걸! 춤을 추는 것처럼.

그날 이후 삶이 무거워질 때마다 '인생은 춤이다'라는 문장을 떠올렸다. 그 말을 떠올리는 것만으로도 일상에 나풀나풀한 모양의 리듬이 생겼다. 이불을 갤 때도 툭툭 박자를 넣어보았다. 일하다 긴장할 때면 잠시 속으로 '룰루랄라'를 외치며 어깨를 들썩였다. 계단을 오를 때도 일부러 한 발씩 멜로디에 맞추듯 걸었다. 그러자 일상에 작은 유쾌함이 더해졌다.

이때 인생을 어떻게 정의하느냐가 인생을 좌지우지한다는 걸 깨달았다. 이후 필요에 따라 인생에 대한 비유를 바꾸었다. 목표를 달성하기 위해 집중해야 하는 때에는 "인생은 등반이다"라고. 주변을 둘러보며 영감을 얻고 싶을 때에는 "인생은 여행이다"라고. 그저 삶을 믿고 따라가고 싶을 때에는 "인생은 나침반이다"라고. 비유를 활용해 인생을 정의하고 일상에서 되새기자 삶을 대하는 태도에 작지만 선명한 변화가 생겼다.

(가이드라인)

'인생은 ○○(이)다'라는 문장을 완성해보자. 비유를 통해 인생관을 알아보는 활동이다. 우선 아래 놓인 100개의 단어 중 인생과 관련 있는 단어에 동그라미 표시를 해본다. 개수 제한은 두지 않는다. 새로운 단어를 추가해도 좋다. 그 뒤 세 가지로 추려 빈칸에 적는다. 3개의 문장이 채워졌다면 각각의 문장을 만든 이유를 떠올려본다.

여행, 모험, 게임, 미로, 바다, 파도, 산책, 춤, 노래, 연극, 영화, 책, 그림, 사진, 퍼즐, 정원, 요리, 길, 계단, 다리, 강, 호수, 불꽃, 바람, 꽃, 씨앗, 나무, 숲, 터널, 사막, 별, 하늘, 우주, 무대, 약속, 기차, 여행 가방, 일기, 서울, 축제, 시장, 정류장, 등산, 불빛, 캠프파이어, 지도, 나침반, 시계, 초침, 사계절, 레이스, 도전, 미끄럼틀, 놀이공원, 빛, 어둠, 새벽, 해 질 녘, 파티, 잔잔한 물결, 폭풍, 노을, 태양, 비, 눈, 얼음, 구름, 그림자, 고요함, 잔디밭, 언덕, 희망, 사랑, 우정, 기다림, 선택, 연결, 가로등, 연못, 빵, 커피, 티끌, 비행, 에너지, 도로, 창문, 문, 가위, 신발, 고래, 파라솔, 여행지, 벽, 우체통, 지하철, 별자리, 선물, 온기, 전환점, 집

1. 인생은 _____ (이)다.

이유)

2. 인생은 _____ (이)다.

이유)

3. 인생은 _____ (이)다.

이유)

주요 선택 분석하기

우리는 매순간 선택의 기로에 놓인다. 그때마다 나름의 기준으로 최선의 판단을 내린다. 그래서 어떤 선택을 했는지를 따라가 보면, 그 안에 깃든 기준들을 발견할 수 있다.

나는 대학을 졸업할 무렵, 회사를 다닐 생각이 없었다. 창작 활동과 사업을 하며, 내가 지향하는 가치를 품은 일을 만들어보고 싶었다. 그런데 예기치 않게 생활이 불안정해지면서 결국 인턴으로 직장 생활을 시작했다.

처음엔 도전이 무너진 기분이 들기도 했다. 하지만 그 선택은 나름의 기준을 따른 결과였다. 도전과 안정성 사이에서 저울질한 나는 '어느 정도의 안정성이 있어야 도전이 더 쉬워진다'고 판단했다. 그래서 3년 가까이 회사에서 일하며, 도전을 위한 기반을 다졌다. 이처럼 겉으로는 안정적으로 보이는 선택도, 안에는 도전을 위한 준비가 깔려 있을 수 있다.

선택은 이분법적으로 나뉘어 보일지 몰라도, 상황과 감정, 내가 처한 맥락이 겹겹이 작용해 이뤄진다. 그래서 선택을 분석할 때는 결과만이 아니라, 그 선택을 했던 당시의 마음과 배경을 함께 들여다봐야 한다. 그 안에서 삶의 태도, 나만의 기준, 인생을 보는 시선이 드러난다.

가이드라인

지금까지의 인생에서 큰 갈림길이 되었던 선택들을 떠올려본다. 학교, 전공, 직업, 커리어, 관계, 결혼, 출산 등. 아래의 '선택의 기준 예시'에 있는 내용을 참고해도 좋다. 주요 선택을 꼽고 그 선택을 할 때 기준 삼았던 항목을 적는다. 이후 그 기준으로 선택했을 때 결과가 어떠했는지 살펴본다. 아쉬운 점이 있어도 괜찮다. 판단을 내리기보다는 그 선택이 말해주는 당시의 나를 관찰해본다.

선택의 기준 예시				
자아실현	관계	현실적 요소	내면적 가치	사회적 책임
성장 가능성	가족	안정성	행복	정의
배움	친구	경제적 보상	자유	공정성
도전 정신	사랑	시간 관리	평화	배려
창의성	우정	효율성	정직	환경 보호
자기계발	소속감	지속 가능성	진정성	사회적 기여
성취감	공감	실용성	감사	다양성 존중
자율성	사회적 인정	미래 보장	긍정	공동체 발견

주요 선택	선택의 기준	결과 분석
예시) 첫 직장을 선택한 순간	* 안정성: 안정적인 급여와 직장을 원하는 마음이 컸다. * 사회적 인정: 주변 사람들이 인정해줄 수 있는 직장이면 좋겠다고 생각했다.	처음엔 안정적인 환경에서 많은 것을 배울 수 있었고 급여도 일정하게 들어와 좋았다. 근데 업무에서 성취감을 느끼지는 못했다. 처음엔 안정성을 중시했는데 성장과 자율성도 중요하다는 걸 깨달았다.

자기이해

미래의 나에게 보내는 편지

2010년에 일기를 쓸 당시 미래의 나를 '크리스'라고 가정하고 하루를 기록했다. 크리스에게 편지를 쓰듯 일기를 썼다. 당시에 나는 예고 입시를 준비하며 하루하루를 치열하게 살고 있었다. 미래의 내가 이랬으면 좋겠다 싶은 모습이 있었지만 그 모습을 생생하게 그리기는 어려웠다. 하지만 한 가지는 분명했다. 미래의 나인 '크리스'가 지금보다 당당하게 살아가길 바랐다.

오랜 시간이 흘러 내가 이런 일기를 썼다는 것조차 잊어버렸을 무렵에 그때의 일기장을 발견했다. 그리고 다시 읽으며 깨달았다. 2010년의 내가, 미래의 나에게 보낸 편지가 얼마나 큰 힘이 되었는지. 어린 내가 던진 질문에 이제는 답을 할 수 있었고 크리스가 되기 위한 노력이 헛되지 않았음을 증명했다. 크리스는 미래의 나를 넘어서 내가 되고 싶던 내 모습이었다. 살다가 휘청일 때 삶의 방향을 제시해주는 등대 같은 존재였다.

'미래의 나에게 보내는 편지'는 지금의 나와 미래의 내가 대화를 나누는 시간이다. 오늘 품고 있는 고민과 바람, 삶의 태도를 적어두면, 언젠가 그 편지를 다시 펼쳐볼 미래의 내가 살며시 웃어줄지도 모른다. 그때의 나는, 지금의 나에게 '잘 살고 있다'고 답해줄 수 있을까?

date 10. 2. 16

How do you tell most memorable moment in our life?

2010

나의 사랑하는 친구가 되어줄 크리스에게.

1. 내가 변화하기 위해서는 무엇이 필요한가?
   자제력, 절제

2. 나의 장점과 단점은 무엇인가?
   장점 - 감성적인 성격
   단점 - 소극적임.

3. 궁극적으로 이루려는 목표는 무엇인가?
   1. 1학기 중간고사 1등급
   2. 미술 월말 시험 85점 받기
   3. 서울예고 실기 장학 합격
       서울대
   4. 홍대 미대 수석 합격
   5. 미국 유학

4. 목표를 달성하기 위한 계획이 있는가?
   커서와 놓지 말아야한다.
   이것이 나의 미래를 위한 계획.

5. 계획을 행동으로 옮기기 위해서는 어떻게 해야 하나?
   커디와 놀고 싶을 때는 나의 미래를 생각해보고
   줄넘기를 하거나 아직 읽지 않은 책을 잡는다.

미래의 나와의 대화

꿀가이드라인꿀

먼저, 어느 시점의 나에게 편지를 쓸지 정한다. 이후 아래의 순서대로 편지를 쓴다.

1. 현재 내가 하고 있는 생각과 고민에 대해 적는다. 어떤 상황인지, 목표는 뭔지 솔직하게 기록한다.

2. 가정한 시점에 이뤘으면 하는 목표에 대해 언급한다. 어떤 삶을 살고 싶은지 떠올린 내용을 구체적으로 기술한다.

3. 미래의 나에게 응원과 조언을 전하며 편지를 마무리한다.

10년 후의 나에게

인생관을 알아차리는 다섯 가지 인생 문장

가치관을 발견하고, 정체성을 정리하다 보니 자연스럽게 더 멀리 내다보게 되었다. '나는 어떤 삶을 원할까?'라는 질문이 마음에 스며들었다. 무엇을 중요하게 여기는지도, 어떤 사람인지도 조금은 알 것 같은데, 그렇다면 나는 어떤 삶을 살아가고 싶을까?

삶 전체를 한 문장으로 설명하기란 쉬운 일이 아니었다. 그런데 언뜻, 내가 자주 말하던 문장들이 떠올랐다. "느려도 나답게." "해보고, 아님 말고." "나는 죽기 전에 '뭐를 해봤어야 했는데'라고 후회하는 게 싫어." 그렇게 내가 자주 내뱉는 문장들을 통해 알게 모르게 삶을 정의해왔다는 사실을 깨달았다.

그래서 이번엔, 삶에 대한 나의 관점을 들여다보는 문장들을 정리해보기로 했다. 나에게 행복이란 무엇인지, 실패는 어떤 의미였는지, 나는 언제 감사를 느끼는지. 이 모든 문장 속에 삶을 바라보는 방식, '인생관'이 담겨 있었다.

이 다섯 가지 문장은 삶의 중심축을 잡는 데 큰 지지대가 되었다. 삶이 흔들릴 때마다 꺼내어 보며 나의 기준을 다잡게 해주는 말들. 이제는 당신의 문장을 채워볼 차례다. 삶이란 무엇인가, 나는 어떤 기준으로 삶을 사는가. 아래의 빈칸을 채우다 보면, 그 안에서 당신만의 별자리 하나가 은은히 떠오를지도 모른다.

---가이드라인---

아래 문장들의 빈칸을 자유롭게 채운다. 모든 문장을 작성한 뒤 반복되는 단어나 키워드, 감정이 있는지 살피며 자신만의 인생관을 정리한다.

1. 나는 _____ 하게 세상을 바라본다.

이 문장은 자신의 세계관과 삶에 대한 태도를 돌아보게 한다. 작은 것에서 기쁨을 찾는 낙관적인 방식으로, 모든 존재에 따뜻한 시선을 보내며, 혼란도 삶의 일부로 인정하는 시선으로, 변화 가능성을 신뢰하는 태도로, 한 발짝 물러서서 전체를 조망하려는 습관으로, 계획보다는 흐름을 따르며 유연하게 등 문장을 채우며 우리는 삶의 철학을 명확히 할 수 있다.

_____
_____
_____
_____
_____

2. 나는 _____ 할 때 가장 행복하다.

행복의 순간은 우리가 진정으로 중요하게 여기는 가치와 연결돼 있다. 이 문장을 채우며 자신이 무엇을 통해 삶의 만족을 느끼는지 이해할 수 있다. 누군가는 새로운 목표를 성취할 때 가장 행복할 수도 있고 누군가는 소중한 사람들과 시간을 보낼 때 행복할 수 있다. 행복의 우선순위를 파악하고 삶의 만족도를 높이기 위해 시간을 어떻게 써야 할지 힌트를 얻는다.

---

3. 내가 실패를 통해 배운 가장 중요한 교훈은 _____이다.

실패는 성장의 기회가 된다. 그간 자신의 실패 경험을 돌아보고, 그 경험이 현재의 나에게 어떤 교훈을 남겼는지 생각해보자. 같은 실패를 경험해도 사람마다 얻는 교훈이 다를 수 있다.

---

4. 나는 _____할 때 가장 감사하다.

우리는 내가 소중히 여기는 것에 대해 감사함을 느낀다. 감사의 순간을 되짚어 삶의 우선순위를 확인하며 앞으로 무엇을 더 소중히 여겨야 할지 살펴본다.

_____

_____

_____

_____

5. 내가 진정으로 원하는 삶은 _____한 삶이다.

이 문장은 삶의 방향성과 목표를 직접적으로 묻는다. 내가 원하는 삶을 정의해 현재와 이상의 간격을 파악해보자. 인생관이 명확하면 자신이 원하는 삶을 향해 나아가는 게 쉬워진다.

_____

_____

_____

_____

Daily

하루를 설계하기
일상에 리듬감을 주는 방법

3

1 정신력이 몸을 이길 수 있다고 믿었다

2 자기이해

4 일주일

5 한 달

6 1년

딱, 오늘 하루만 생각하자

2019년, 병원 침대에 누워 천장을 멍하니 바라보고 있자니 이런 생각이 들었다.

"내일이 오지 않는다면, 오늘을 어떻게 살아야 할까?"

그전까지만 해도 '오늘'은 내게 수단이었다. 특정한 목표를 이루기 위한 과정일 뿐, 오늘 그 자체는 중요하지 않았다. 오늘의 행복보다는 미래의 성취가 우선이었다. 원하는 걸 이루기 위해 해야 할 일을 쪼개고, 그것들을 해내는 것만이 의미 있었다. 쉬는 건 나태함 같았고, 여유는 불안의 씨앗을 틔웠다. 잠시라도 멈추면 실패할 것만 같아 하루를 빈틈없이 채우며 살았다. 그렇게 '오늘'은 늘 '내일'을 위해 희생되었다.

그러다 병원에서 맞이한 아침, 불현듯 '내일이 없을 수도 있겠다'는 생각이 스쳤다. 내가 만약 오늘 죽는다면? 지금까지 목표를 위해 보류했던 것들을 영영 할 수 없게 되는 건가? 소중한 사람들과 노닥이는 시간, 반려동물과 함께 보내는 오후, 삶을 풍성하게 하는 취미, 긴장을 풀고 푹 쉬는 시간, 훌쩍 떠나는 여행. 그 모든 것을 미뤄둔 채, 그저 목표만 좇다가 끝나버리는 삶이라면? 생각이 여기까지 미치자 정신이 번쩍 들었다.

그렇다고 목표를 이루지 않겠다는 건 아니었다. 그러나 오늘을 미래의 희생양으로 만들지는 않기로 했다. 단지 끼니를 해결하기 위해 밥을 먹는 게 아니라 넉넉히 시간을 갖고 좋아하는 음식을 음미한다. 단지 살기 위해 운동하는 게 아니라 내 근육들의 움직임에 집중해 운동을 하고, 무리해서 수면 시간을 줄이지도 않는다. 그리고 아무리 바쁘더라도 사랑하는 사람들에게 자주 안부를 묻는다.

그러자 일상에 리듬감이 생겼다. 힘을 줘야 할 때는 주고 힘을 빼야 할 때는 빼고. 무거워야 할 때는 무겁고 가벼워야 할 때는 가볍고. 삶이 점점 둠칫둠칫 움직이기 시작했다. 그렇게 생겨난 여유가 처음에는 낯설게만 느껴졌다. '이렇게 살아도 되나?' 싶은 압박과 자기 검열을 하는 순간도 있었지만, 내가 하고 싶은 일들을 오래 하면서 풍요롭게 살겠다는 절실함으로 변화에 적응해갔다. 내 삶에 불쑥 찾아온 리듬은 일상 곳곳에 스며들었고 시간이 지나면서 리듬에 발 맞춰 춤을 추듯 자유로운 기분이 들었다.

'오늘'을 설계한다는 주제로 엮은 3장은 일기와 루틴, 두 축으로 구성해봤다. 일기로 오늘을 기록하고, 내 생체 리듬에 맞는 루틴으로 하루를 보내면서 지금껏 내가 원하는 방향으로 어떻게 생활을 설계해왔는지를 나누려고 한다. 16년째 쓰고 있는 일기는 내게 기록 이상의 의미가 있다. 지금까지 살면서 배운 많은 것들을 일기 덕분에 깨우칠 수 있었다. 이러한 경험의 시작과 과정들을 일기 쓰는 법, 일기의 효과 등을 중심으로 풀어내려 한다. 루틴은 오늘 하루를 단정하게 매만져주는 맞춤형 리듬이다. 우리가 어려운 환경에서도 쉽게 무너지지 않고, 내 삶을 지키게 돕는다. 루틴을 통해 삶의 다양한 면을 내 방식대로 가꾸며 살아갈 수 있다.

어제보다 나은 내가 되는 것도 필요하지만, 오늘을 의미 있게 만드는 것도 중요하다. 오늘을 정성스럽게 보낼 때 그 소중함이 쌓여 내일을 풍성하게 만든다. 일기와 루틴을 통해 지금의 나는 오늘의 리듬 안에서 춤추듯 살며 내가 원하는 삶에 조금씩 가까워지고 있다.

일기: 내면을 깊이 관찰하는 힘

운명 같은 첫 만남

중학교 2학년, 사춘기의 회오리가 몸과 마음을 휘감던 때였다. 남자친구와의 이별로 일상에는 대지진이 일어났다. 고작 140일쯤 만났지만 아직 열다섯 살밖에 안 된 아이에겐 세상이 뒤집힐 만큼 큰일이었다. 성적도 떨어졌다. 모종의 사건으로 교우관계도 뒤틀렸다. 연인과 학업, 친구. 중학생에게 이 세 가지는 세상의 전부와도 같다. 내 세계를 빛내던 색깔들이 갈변했고 이내 암흑으로 뒤덮였다. 더는 희망이 없어 보였다.

문제의 그날엔 가을의 정점을 알리는 파란 하늘에 솜사탕 같은 구름이 나부끼고 있었다. 학교 수업이 끝난 뒤 군걸음으로 운동장 옆을 지나 문구점으로 향했다. 또롱. 문구점의 문에 걸려 있던 작은 종이 울렸다. 회색빛으로 둘러싸인 문구점 깊숙이 걸어 들어가 무릎을 굽혀 선반 아래를 뒤적였다. 자그마한 손에 두터운 노끈 하나가 쥐어졌다.

집으로 돌아온 나를 맞이하는 엄마의 인사를 건성으로 받고 방으로 들어가 문을 잠갔다. 한 평 남짓한 방에 주저앉았다. 철퍼덕 늘어진 가방을 열어 붉은 노끈을 꺼낸 뒤 목도리를 매듯 목을 싸맸다. 그때, 고개를 들어 바라본 거울 속의 나와 눈이 마주쳤다. 노끈이 얽힌 부분을 중심으로 얼굴빛이 하얗게 변해가고 수십 개의 빨간 점들이 올라왔다. 갑자기 몰려온 두려움에 꽉 당기던 노끈을 풀어헤치고 엎어졌다. 그렇게 소리 없이 몇 시간을 울어 젖히다 지쳐 바닥에서 잠들었다.

가슴에 돌이 얹힌 것처럼 갑갑했다. 다음 날도, 그 다음 날도 나아지는 건 없었다. 동공이 풀어진 채로 학교와 집을 오갔다. 내 시간은 멈춰 있었다. 거기에 삶을 포기하려 했다는 죄책감이 얹어져 마음은 더 무거워졌다. 돌덩이가 목을 짓눌렀고 소리가 나오지 않았다. 돌덩이를 집어 던지고 소리 지르고 싶었다. 이 모든 걸 내던지고 자유로워지고 싶었다.

시간이 흘러 갈색 나무들이 마지막 잎을 떨구던 어느 날, 엄마에게 갑자기 예술을 하겠다고 소리쳤다. 예술을 시켜주지 않으면 죽을 거라고 했으니 협박이나 다름없었다. 엄마는 곧장 초등학교

6학년 때 담임선생님을 찾아갔다. 음악을 전공한 선생님은 "무용과 음악은 선천적인 재능과 아주 어릴 때부터 두각을 드러내는 게 중요하다"며 "지금 시작해도 잘할 수 있는 건 미술이 유일하다"라고 답했다. 그 뒤 학교 옆에 있는 미술학원에 가서 상담을 받고 미술을 시작했다. 그리고 동시에, 왜인지 모르게 홀린 듯 일기를 쓰기 시작했다.

미술을 하는 것도 일기를 쓰는 것도 갑작스럽게 일어난 일이었다. 미술과 일기. 나를 표현하는 일과 나를 써 내려가는 일. 이 둘은 숨을 조이는 심연을 허우적대던 내가 살기 위해 본능적으로 붙잡은 동아줄이었다. 두 개의 동아줄이 내 인생의 궤도를 송두리째 바꿔놓을 줄은 그때는 알지 못했다. 더군다나 그렇게 시작한 일기를 16년 동안 쓰게 될 줄은 더더욱 몰랐다.

일기 쓰기의 효과 [ORI]

처음부터 이렇게 오래 일기를 쓸 생각은 없었다. 그저 감정의 출구가 필요했고 하루를 잠시 붙들고 싶은 마음으로 펜을 들었다. 그래서인지 누군가 내게 "일기 쓰면 뭐가 좋아요?"라고 물으면, 선뜻 답하기 곤란했다. 효과를 기대하기는커녕 뭐가 달라지리라고 생각하지도 않았다. 그저 살기 위해 썼고, 쓰다 보니 좋아졌다.

그렇게 한 해, 두 해 차차 시간이 쌓였고, 어느 순간부터 일기를 쓰고 난 뒤 체감한 변화들이 눈에 들어오기 시작했다. 시간이 흐를수록 그 변화는 점점 선명해졌다.

나는 그 변화를 관찰(Observation), 재발견(Reflection), 연결(Insight)로 정의했고, 이 세 단어의 영어 앞 글자를 합쳐 'ORI'라고 이름 붙였다.* 일기는 지금껏 나를 깊이 이해하고 한 걸음씩 성장할 수 있게 도와주었다. 그 과정 안에는 나를 관찰하고, 되돌아보며, 제 발로 찍은 점들을 연결해 선으로 잇는 세 단계가 담겨 있다. 이제 ORI의 각 요소를 어떻게 일기 쓰기에 적용했는지, 그리고 그 방법들이 내게 어떤 영향을 주었는지를 소개하려 한다.

O(Observation, 관찰)
나를 지켜보는 나

고등학교 2학년 때 나는 설명하기 힘든 불안에 시달렸다. 신문을 많이 보던 시기였는데 유독 범죄나 재난 기사가 자주 눈에 들어왔다. 그러더니 어느 순간부터 그 이미지들이 각인되어 꿈과 현실에도 스며들었다. 길을 걷다가 차가 갑자기 방향을 틀어 나에

---

* 세 단어(관찰, 재발견, 연결)는 통상적인 뜻을 넘어 일기의 효과를 설명하기에 적합한 단어로 정의했다.

게 돌진할 것만 같았고, 하늘에서 나뭇가지가 뻗어 내려와 나를 붙잡을 것 같은 공포에 사로잡혔다. 지나친 불안감으로 급기야 일상생활을 정상적으로 유지하기 어려울 만큼 위축되었다. 그전만 해도 당돌하고 씩씩하던 나는 급격하게 말수가 줄고 수업에도 온전히 집중하지 못했다. 도저히 혼자 해결할 수 없겠다 싶어, 담임선생님께 조심스레 상담을 요청했다. 선생님은 내 얘기를 한참 들으시더니 이렇게 말씀하셨다.

"그럴 때는 네 시선을 멀리 띄워보는 건 어떨까? 몸은 그대로 두고, 마음만 우주 밖으로 날려 보내서 그 자리에서 지금 여기의 너를 바라보는 연습을 해 봐. 당장 큰일처럼 보이는 일도 저 멀리서 보면 별일이 아닐 수 있단다."

처음엔 그 말이 무슨 뜻인지 감이 잡히질 않았다. 하지만 이후 불안한 상상에 휩싸일 때면 마치 내가 나를 바라보는 카메라가 되어 그 장면을 멀리서 찍듯 지켜보는 연습을 했다. 당시 나는 하루의 반 이상을 그림을 그리며 보냈는데, 그 환각들을 그림 속에 담기 시작했다. 나뭇가지가 하늘에서 뻗어오는 이미지, 갑자기 어두워지는 거리의 분위기 같은 것들을 도화지 위에 옮겨보았다. 그 과정을 통해 무서운 환상들이, 아이디어와 표현의 재료로 변해갔다. 이 경험은 내가 '관찰'이라는 감각을 생생하게 인식한 순간이었다. 그전까지 감정에 빠져 허우적댔지만 점차 감정 위에 시선을 얹게 되었다. 내가 느끼는 것, 생각하는 것, 말하는 것을 한 발짝 떨어져 바라보는 일. 그건 나를 이해하기 위한 첫걸음이었다.

일기 쓰기의 첫 번째 힘은 관찰이다. 관찰은 내가 느끼고 경험한 것을 그냥 지나치지 않고 더 깊게 들여다보는 일이다. 빠르게 흘러가는 일상 속에서 우리는 중요한 걸 놓치곤 한다. 출근 준비를 하며 스친 막연한 불안감, 상사의 말에 피어오른 분노, 퇴근길에 일렁이는 후회 같은 감정들. 내 안에 드는 모든 감정을 붙잡을 필요는 없지만 여기에는 나에 대한 중요한 단서들이 숨어 있기도 하다.

일기는 일종의 '나 관찰일지'다. 무심코 지나친 사건과 감정, 반응들을 하나씩 기록하다 보면, 퍼즐 조각처럼 흩어져 있던 나를 이해할 단서들이 보인다.

1. 사건과 감정을 적는다.
하루 동안 있었던 일과 그 일이 발생했을 때 느낀 감정을 연결한다. 막상 감정을 적으려고 하면 어떤 감정을 적어야 하나 막막할 수 있다. 그래서 감정 단어를 준비했다.* 이 표를 참고해 나의 감정을 헤아려보자. "(사건)을 경험했을 때 (감정 단어)를 느꼈어"의 형태로 기록하는 것부터 시작한다.

감정 단어 목록

홀가분한, 상쾌한, 신난,
후련한, 흡족한, 명랑한,
짜릿한, 유쾌한, 기운 나는,
즐거운, 자유로운, 벅찬,
반가운, 시원한, 감동한,
감격한, 기쁜, 기대되는,
기꺼운, 행복한, 따뜻한,
안심되는, 열렬한, 믿음직한,
황홀한, 활발한, 흥분되는,
차분한, 편안한, 활기찬,
든든한, 자신만만한, 끝내주는,
온화한, 정다운, 영감을 받은,
영광스러운, 희열에 찬, 고무된,
고마운, 의기양양한, 평화로운,
포근한, 화사한, 푸근한,
가뿐한, 환상적인, 만족스러운,
떳떳한, 뭉클한, 고요한,
흐뭇한, 감사한, 경이로운,
듬직한, 감미로운, 살가운,
저돌적인, 강렬한, 충만한,
팔팔한

야속한, 속상한, 심술이
난, 겁나는, 갑갑한, 무딘,
무기력한, 답답한, 당황한, 힘이
빠지는, 기가 죽은, 비관적인,
비참한, 상심한, 섭섭한,
성가신, 어색한, 미안한,
자책하는, 한심한, 민망한,
찝찝한, 쓰라린, 섬뜩한,
쑥스러운, 수줍은, 쪽팔리는,
겸연쩍은, 멍한, 서러운,
서운한, 울적한, 울고 싶은,
위축되는, 북받치는, 낙심되는,
절망스러운, 자포자기의
무기력한, 참담한, 주눅든,
애끓는, 냉정한, 우려하는,
심란한, 실망한, 화난,
심드렁한, 회의적인, 힘겨운,
주저하는, 좌절하는, 불쌍한,
질투하는, 버거운, 혼란스러운,
절절한, 난처한, 무기력한,
묘한, 미심쩍은, 부끄러운

* 감정 단어 참고: 마셜 B. 로젠버그, 캐서린 한 역, 『비폭력대화』, 2017, 한국NVC 센터.

2016년 5월 7일

알바하다 울음이 터졌다. 그동안 쌓인 ==분노와 울분이 폭발했다==. 울음이 나오니 ==창피하기도 하고 억울했다==. 나는 아직 내 감정을 다루는 법을 모른다. 울음을 절제하는 걸 모른다는 게 아니라 한이 쌓이지 않게 울분을 그때그때 지혜롭게 표출하는 법을 모른다. 이번 방학 때 공부해야겠다. 촬영이 거의 끝날 무렵, 혼자 밖에서 도시락을 드시는 대표님을 보니 ==마음이 좋지 않았다==. 대표님의 축 내려앉은 어깨에서, 감지 못해 엉킨 머리카락에서 대표라는 지위의 무게가 느껴졌다.

2. 오감을 활용해 기록한다.

사건과 감정을 엮어서 기록하는 일이 나의 마음을 들여다보는 데 도움이 된다면, 오감을 활용해 쓰는 일기는 내 몸과 친해지는 데 길잡이가 되어준다. 무언가를 경험했을 때 내 시각, 청각, 미각, 촉각, 후각이 어떻게 발현됐는지 되짚어볼 수 있기 때문이다. 무슨 색이 가장 눈에 들어왔는지, 어떤 소리가 유난히 잘 들렸는지, 향이나 질감은 어땠는지. 오감을 구체적으로 표현하면 경험을 더 생생하게 기록하는 데 도움이 된다.

2022년 12월 5일

그냥 일어나면 그만인데 겨울 아침엔 유독 일어나기가 힘들다. 이불 밖으로 나오려고 하면 닭살이 확 돋는다. 그럼 다시 이불을 머리 위까지 올려 덮게 된다. 온몸이 게으름 부리고 싶다고 아우성친다.

3. 구체적으로 질문한다.

관찰은 때로 '질문'에서 시작된다. 감정을 기록하는 데서 한 걸음 나아가 스스로에게 질문을 던지면 생각의 결이 훨씬 깊어진다. 나는 질문이 떠오를 때마다 메모장에 적어두고, 일기를 쓸 때 그 질문을 다시 꺼내 그날의 감정이나 사건을 되짚어보며 나만의 답을 써 내려간다. 질문은 자신을 파고드는 도구다. 질문을 따라가다 보면 내면 깊은 곳에 자리한 욕구나 신념, 상처 같은 감정의 조각들을 마주하게 된다. 예를 들어 이런 질문들을 던져볼 수 있다.

- 무엇이 나를 이렇게 반응하게 했을까?
- 오늘 가장 기억에 남는 장면은 무엇인가?
- 오늘 나눈 대화 중 기록하고 싶은 내용은 무엇인가?

2018년 1월 16일

바쁨이 내 성장을 위해 쓰이고 있는가?

되게 바쁘고 할 일이 많은데 이 바쁨이 내 성장을 위해 쓰이고 있나? 질문하면 글쎄, 오히려 정신없는 쪽에 가까운 거 같다. 바쁜 게 바쁨을 위해 쓰이면 그 뒤에 남는 건 성장이라기보다 소진과 허무함인 것 같다. 나 지금 바쁜 거 맞아. 인정하고 바쁨이 나의 성장을 위해 쓰이도록 정비를 해야겠다.

이렇게 관찰을 통해 일기를 쓰다 보면 처음엔 보이지 않던 감정의 실마리나 생각의 패턴이 서서히 드러난다. 이어서 관찰의 효과를 자세히 알아보자.

1. 나에 대한 이해가 깊어진다.

관찰은 자기이해를 높이는 강력한 도구다. 나를 관찰하다 보면, 내가 어떤 상황에서 스트레스를 받는지, 누구와 함께할 때 활기찬지, 어떤 환경에서 행복을 느끼는지를 스스로 명확히 알게 된다. 이렇게 쌓인 자기이해를 바탕으로 선택하면, 보다 내 욕구에 가까운 방향으로 나아갈 수 있다.

예전에는 성과가 없으면 하루를 헛살았다고 느꼈다. 뭔가를 만들고 눈에 보이는 결과를 내야만 존재의 가치를 증명할 수 있다고 생각했다. 하지만 일기를 쓰기 시작하면서 변화가 찾아왔다. 별다른 성과가 없는 날에도 '오늘은 유난히 감정이 예민했네', '괜히 주변 눈치를 많이 봤네' 하는 식으로 내면의 소리를 듣는 데 집중하고 만족할 수 있게 되었다. 그러면서 내가 얼마나 외부의 인정에 민감하게 반응하는 사람이었는지 알게 되었고, 마침내 '나는 존재만으로도 소중하다'는 생각이 서서히 마음속에 내려앉았다.

2. 나만의 패턴을 알아차린다.

자신을 관찰하면 반복되는 감정, 행동, 습관, 생각의 흐름이 보이기 시작한다. 특정 시간대에 집중력이 높아진다든지, 어떤 사람과는 유난히 잘 맞지 않는다든지, 특정 환경에서는 스트레스가 급격히 높아진다든지 하는 식의 반복들. 이런 작은 조각들이 쌓이면, 나만의 내적 데이터가 된다. 누적된 데이터를 들여다보면 일정한 패턴이 보인다. 그 패턴을 이해하면 나에게 이로운 변화를 만들 수 있다.

어느 날, 월요일 아침마다 기분이 꿀꿀해지는 걸 알아챘다. 흔한 '월요병'이라고 넘길 수도 있었지만, 반복적으로 일기를 들여다보니 분명한 공통점이 있었다. 주말 동안 루틴이 무너졌거나 SNS를 오래 본 날일수록 그 증상이 심했다. 이걸 깨닫고 나서는 몇 가지 작은 실험을 시작했다. 주말에도 가벼운 아침 루틴을 유지하고 SNS에는 시간 제한을 걸었다. 또 일요일 밤에는 특별히 다음 한 주를 기대하는 일기를 썼다. 이 변화만으로도 월요일의 무기력함이 눈에 띄게 줄어들었다. 이런 식으로 패턴을 발견하고, 그에 맞는 나만의 리듬을 만들어가는 과정은 일기 쓰기의 큰 장점 중 하나다.

3. 감정을 현명하게 다스린다.

무심코 흘려보낸 감정들을 차분히 기록하면 그 감정의 흐름이 차츰 눈에 들어온다. 그러면 감정에 휘둘리지 않고 침착하게 대응할 수 있다. 예를 들어 화가 났을 때 "뭐 때문에 이렇게 화가 난 걸까?"라고 스스로에게 질문하고 감정을 관찰하면 분노의 진짜 원인을 이해하는 데 도움이 된다. 그러면 자연스레 해결의 실마리도 찾기 쉬워진다.

한동안 사소한 일에도 쉽게 불안해졌다. 그런데 일기를 쓰며 그 불안을 하나씩 뜯어보니 '결과에 대한 걱정'보다 '무언가를 놓치고 있는 것 같다는 압박감'이 원인이었다는 걸 알게 되었다. 나에게는 '늘 최선을 다해야 한다'는 내적 강박이 자리하고 있었던 것이다. 그걸 인식한 뒤로는 불안이 올라올 때, 지금 할 수 있는 것에 더욱 몰입하는 습관을 들였다. 그 덕분에 불안을 감정 자체로 보는 대신 불안이 주는 메시지를 이해하고 다스릴 수 있었다.

관찰은 나를 있는 그대로 존중하기 위한 첫걸음이다. 일기를 쓰며 내 경험과 생각, 감정을 천천히 들여다보자. 이를 통해 내가 놓친 사소한 것들을 새로이 발견할 수 있다. 삶의 소소한 순간들이 주는 힌트를 알아차릴 때, 우리는 자연스레 나 자신과 더 깊이 연결된다.

R(Reflection, 재발견)
인생에 오답노트가 있다면

연인과 대화를 하다 마음이 상한 날에는 오래된 일기를 꺼내든다. 지난 연애와 이별에 관한 기록을 펼쳐보면 예전에도 경험한 비슷한 장면이 떠오른다. 연인이 바빠졌을 때 느낀 서운함, 감정에 휩쓸려 섣불리 내뱉은 말, 후회로 마무리된 날들. 그 기록을 다시 읽다 보면 마치 과거의 내가 지금의 나에게 조언을 건네는 듯하다. '이런 행동은 결국 후회했지, 이번에는 다르게 해보자.' 그렇게 조금씩 더 나은 선택을 하게 된다.

또 한때는 깊은 무기력에 빠져 자존감이 바닥을 친 적이 있었다. 침대에서 일어나기조차 힘들던 그 시기에 나는 지난 10여 년간 쓴 일기를 처음부터 다시 훑어봤다. 그 안엔 나조차 잊고 있던 수많은 시도와 회복의 흔적들이 고스란히 남아 있었다. 넘어졌다가 다시 일어난 순간들, 두려움을 안고도 도전했던 장면들. 겹겹이 쌓인 기록들을 보며 '지금까지 애써왔구나'라고 깨달았다. 그 순간, 잃었던 자신감과 의욕을 되찾았다.

일기 쓰기의 두 번째 힘은 기억을 다시 만나고 거기서 의미를 발견하는 것이다. 그렇게 소박하게 적힌 글씨들이, 나를 이끄는 환한 불빛이 된다. 이 과정을 나는 '재발견'이라고 부른다. 관찰이 '있는 그대로 바라보는 일'이라면, 재발견은 '그 안에서 나를 다시 발견하는 일'이다. 이렇게 반복된 회고 속에서 우리는 과거를 곱씹는 것이 아니라 더 나은 미래로 향하는 단서를 얻게 된다. 그렇다면 관찰을 넘어 일기에서 나를 재발견하려면 어떻게 해야 할까? 다음은 내가 실제로 자주 사용하는 세 가지 방법이다.

1. 과거에 쓴 일기를 다시 읽는다.
이전에 기록한 일기를 시간이 지난 후 다시 읽어보자. 짧게는 일주일 전, 한 달 전, 길게는 몇 년 전의 일기를 읽으며 지금 시점에서 떠오르는 생각을 정리한다. 과거의 내가 남긴 흔적을 다시 보면 감정, 생각의 흐름, 행동 패턴의 변화가 저절로 드러난다. 지금의 나와 다른 점을 눈여겨보자. 그때는 몰랐던 현재의 시선이 더해지면, 기록이 '나를 돌아보는 창'이 된다.

예전 일기를 다시 보며 핵심 생각에 형광펜으로 표시한다.

2016년 일기 중. 주로 인상 깊거나 변하지 않은 생각에 형광펜을 친다.

2. 하이라이트로 강조한다.

형광펜이나 색연필로 나를 잘 설명하는 문장에 하이라이트를 치는 것도 좋은 방법이다. 포스트잇 플래그를 붙여도 된다. '이 문장은 나를 잘 표현하고 있어', '이 생각은 시간이 지나도 똑같아' 싶은 문장에 표시한다. 시간이 지나 다시 봤을 때 그 하이라이트는 나의 핵심 가치, 변하지 않는 본성, 혹은 반복되는 마음을 보여준다. 나는 이 방법을 자주 쓰는데 나중에 하이라이트를 모아 읽어 보면 '내가 어떤 사람인지'가 또렷하게 드러난다.

3. 요약해 정리한다.

일기를 요약하는 것도 도움이 된다. 일기 초심자분들께 많이 받는 질문 중 하나는 "일기가 감정 쓰레기통처럼 될 때가 있는데 어떡하죠?"라는 질문이다. '쓰레기통'이라는 단어 때문에 어감이 썩 좋지는 않지만 일기가 감정의 배출구가 되는 건 아무 문제가 되지 않는다. 감정을 쏟아내고 싶을 때 엄한 데 쏟아내는 것보다는 일기장에 쏟아내는 게 낫지 않은가? 어딘가에 쏟아내야 한다면 일기장이 가장 안전한 곳이다. 다만 일기가 배출구 이상의 의미를 갖게 하려면 한번 돌아보는 건 필요하다. 쏟아낸 감정일지라도 시간이 지나고 보면 한 발자국 멀리서 볼 수 있게 된다. 이때가 요약하기 좋은 타이밍이다. 이 과정에서 내가 왜 그런 감정을 느꼈는지, 그 감정이 어떤 욕구나 상처와 연결되어 있는지가 자연스럽게 드러난다. 이를 통해 일기를 정화조로 만들 수 있다.

일기를 통해 나를 다시 들여다보는 순간들이 쌓이면, 기록은 흘려 쓴 문장들을 넘어서 나를 이해하고 변화시키는 힘이 된다. 재발견은 성장의 중요한 전환점이 된다. 재발견 과정을 통해 아래의 효과를 실감할 수 있다.

1. 경험을 자산으로 만든다.
어떤 일을 경험했다고 해서 자동으로 배움이 생기는 건 아니다.

겪은 사건이나 감정의 의미를 되짚고 그 안에서 얻은 교훈을 되새길 때 비로소 배움이 된다. 일기는 그 과정을 도와준다. 예전에 큰 발표를 앞두고 심하게 긴장했던 적이 있다. 심장이 쿵쾅쿵쾅거리고 잠이 오지 않았다. 그때 비슷한 발표를 해낸 어떤 날에 쓴 일기를 다시 꺼내보았다. 그 안에는 "막상 무대에 서보니 재밌었다", "떨리긴 했지만 시간이 흐르자 점점 침착해졌다"는 문장들이 있었다. 과거의 나에게서 용기를 얻은 순간이었다.

일기를 다시 읽으며 교훈을 체득하면 경험이 스쳐 지나가지 않고 삶의 자산으로 축적된다. 반복되는 상황에서 같은 실수를 줄이고 더 현명하게 대응할 수 있는 지혜가 생긴다.

2. 더 나답게 선택한다.

일기 속에는 내가 중요하게 여기는 가치가 고스란히 녹아 있다. 그걸 알면 비슷한 갈림길 앞에 섰을 때 더 나다운 선택을 할 수 있다. 예를 들어 취업을 고민하던 시기에 예전에 쓴 일기를 다시 들여다봤다. 그 안에는 "빠르게 성장하는 회사에서 일할 때 성취감을 느낀다"라는 문장이 적혀 있었다. 그걸 보고 자율과 성과 중심 조직이 더 나에게 맞다는 걸 인식할 수 있었다. 그래서 지원하는 회사의 문화와 내가 지향하는 바가 맞는 쪽으로 방향을 결정했다.

사람은 실수를 통해 성장하지만 그러기 위한 전제가 있다. 그 실수에서 교훈을 건져 올릴 수 있어야 한다. 그래야 같은 실수를 반복하지 않는다. 과거로부터 배우고, 지금의 내가 지향하는 방향을 아는 것. 이 두 가지를 갖추면 선택의 순간마다 조금씩 더 나다운 길을 선택할 수 있다.

3. 문제 해결 능력이 높아진다.

재발견은 문제의 핵심을 파악하는 데 도움을 준다. 문제를 정확히 정의할 수 있어야 감정에 휘둘리지 않고 해결 방법도 찾을 수 있다. 이전 연애에서 "사랑받지 못하는 기분이 든다"고 일기장에 쓴 적이 있다. 그런데 다시 읽어보니 "나는 말로 표현을 듣고 싶어 하는데, 상대는 행동으로 표현하는 편"이라는 내용도 등장했다. 그걸 보고서야 문제의 본질이 '사랑을 주지 않음'이 아니라 '표현 방식의 차이'라는 걸 깨달았다. 사랑의 언어가 달라 오해한 거였다. 그 후로는 감정을 단정 짓기보다는 그 감정이 어디서 비롯된 건지를 먼저 살폈다. 문제를 명확히 이해하면 해결의 실마리도 자연스럽게 따라온다.

재발견은 나를 다시 발견하고 삶을 성숙한 방향으로 이끈다. 경험에서 얻은 지혜를 일상에서 실천할 수 있게 돕고 삶을 의미 있는 여정으로 만든다. 우리는 과거를 디딤돌 삼아 이전보다 성장한 현재를 산다. 재발견을 통해 과거의 나를 넘어 더욱 찬란한 삶을 설계할 수 있다.

I(Insight, 연결)
하얀 점들이 선으로 빛날 때

"내가 정말 좋아하는 일은 뭘까? 어떤 일을 해야 만족할까?"

이 질문을 품고 헤매던 시기가 있었다. 그때 예전에 쓴 일기들을 꼼꼼히 훑어보았다. 지금까지 해온 아르바이트, 과외, 프로젝트, 전공, 일을 하나하나 나열했다. 그리고 나와 맞지 않아 빨리 그만둔 것들을 제외한 뒤 꾸준히 지속해온 것들만 남겼다. 겉보기엔 연결되지 않는 조각들이었지만, 내 눈엔 공통점이 하얗게 반짝였다. 마치 "나야, 나" 하고 손을 흔드는 것처럼 말이다.

사람들은 내가 미술을 전공하고 경영을 제2전공으로 삼았다고 하면 의아해한다. 언뜻 보면 관련이 없어 보인다. 하지만 내겐 둘의 공통점이 더 도드라졌다. 예술은 표현을 통해 새로운 시각을 제시하고, 경영은 문제 해결을 통해 새로운 가치를 만든다. 모두 '창조'라는 키워드로 연결된다. 일기를 통해 이 사실을 깨달았을 때 내 안의 서사가 선명해졌다. 지난날의 선택들은 하나의 점이다. 이 점들을 연결해 공통점을 발견할 때 나만의 맥락을 끌어낼 수 있다.

일기 쓰기의 세 번째 힘은 연결이다. 연결은 흩어진 경험과 감정, 생각의 점들을 이어 새로운 통찰을 발견하는 과정이다. 지나간 선택들, 스쳐간 감정들, 의도 없이 쓴 문장들. 모두 빛나는 단서가 될 수 있다. 그 단서들을 잇는 순간 나만의 이야기가 고유한 선이 되어 반짝이기 시작한다.

그럼 어떻게 하면 일기 속에서 빛나는 점들을 발견하고 연결할 수 있을까?

1. 공통점을 찾는다.

일기장을 넘기다 보면 겉보기엔 다른 이야기 같지만 비슷한 감정이나 행동, 선택 기준이 반복될 때가 있다. 이걸 알아차리는 건 일종의 흐름을 발견하는 작업이다. 나는 전에 했던 프로젝트, 글쓰기, 창작 활동들을 되짚으며 공통적으로 자율성, 창조, 몰입 같은 키워드가 반복된다는 걸 깨달았다. 그걸 통해 '내가 잘하고 좋아하는 일'의 조건이 뚜렷해졌다.

2. 시각적으로 그린다.

머릿속에만 생각을 두면 놓치는 게 많다. 나는 종종 마인드맵을 활용해 생각을 시각화하는 것을 좋아한다. 2장에서 언급한 나인드맵의 일환이기도 하다. 그때 가장 관심이 가는 주제를 중심에 두고, 연결되는 키워드들을 이으며 정리한다. 관련 있는 건 가까이, 덜 관련된 건 멀리 두기도 한다. 이 과정을 거치며 일기 속 문장들이 단어에서 패턴으로, 그리고 구조로 바뀐다.

예전엔 '불안하다', '혼자 있고 싶다', '무기력하다'는 단어가

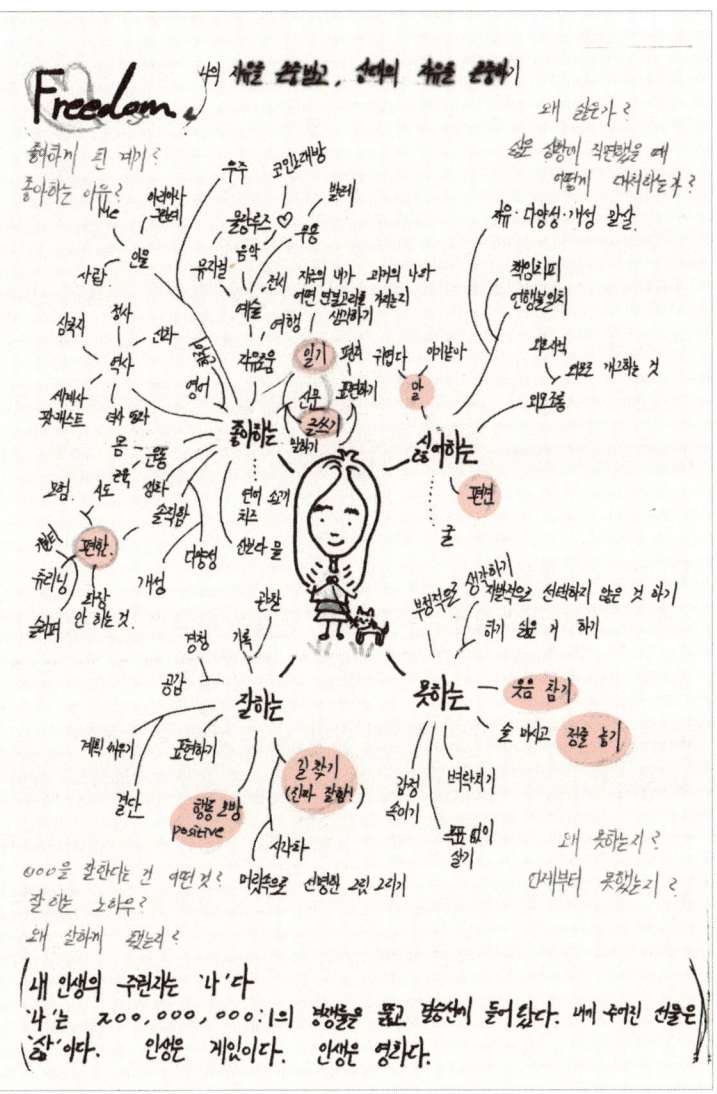

20대 초반에 그린 나인드맵

각기 다른 일기에 흩어져 있었는데 이걸 한눈에 보니 감정적 충돌이 있었던 시기와 맞물렸다. 이후 감정 관리에 더 신경 쓰게 된 건 물론이고 비슷한 상황이 오기 전에 스스로를 지키는 방식도 익혔다.

연결은 갑자기 번쩍이는 것이 아니라 작은 점들을 천천히 이어갈 때 찾아온다. 일기를 통해 나만의 흐름과 공통점을 발견하고 그 안에서 지금의 나를 가장 분명하게 만날 수 있다. 계속해서 연결의 효과를 함께 보자.

1. 자아가 통합된다.
연결을 통해 나의 경험, 감정, 행동, 생각을 하나로 엮어 조화로운 자아를 만들 수 있다. 이 과정을 거치면 내면의 혼란을 줄이고 스스로를 더 깊이 이해하게 된다. 나는 한때 '예술을 하고 싶은 걸까? 사업을 하고 싶은 걸까?' 하는 질문을 오래 붙들고 있었다. 한쪽에서는 깊이 있는 콘텐츠를 만들고 글을 쓰는 일이 즐거웠고, 또 다른 한쪽에서는 내가 추구하는 가치를 브랜드로 만들고 수익 구조를 구축하는 일에 열정을 가졌다. 두 마음이 자꾸 충돌하는 것 같아 혼란스러웠다. 그런데 일기를 읽다 보니 이런 문장이 반복해서 등장했다. "내가 지향하는 가치를 가장 효과적인 방식으로 사람들에게 전하고 싶다." 예술과 사업, 두 방향은 사실

충돌하는 게 아니라 '표현하고 싶은 나'와 '가치를 구조화하고 싶은 나'가 손잡고 나아가는 길이었다. 나의 모순은 문제가 아니라 나를 확장하는 요소였다. 그걸 받아들이는 순간 마음이 편안해졌다. 마치 서로 어긋나던 조각들이 부딪히다가 '딸깍' 하고 맞물린 것 같았다.

2. 나만의 이야기를 만든다.
모든 사람에겐 각자의 이야기가 있다. 제각각 경험하고 느끼고 생각한 것들을 연결해 이야기로 만들면 나만의 서사가 되고, 내 가치관과 정체성, 인생관을 명확히 하는 데 도움이 된다.

　내 커리어가 꼬였다고 느낀 시절이 있었다. 전공도 여러 개를 듣고, 회사도 옮기고, 직무도 바꾸고, 다양한 선택을 거치며 불안감이 올라왔다. 그런데 일기를 다시 읽으며 내 선택들의 맥락을 따라가 봤다. 때마다 이유들이 명확했다. 벤처경영학을 택한 건 내 아이디어를 사람들의 삶에 실질적으로 닿는 구조로 만들고 싶어서였다. 이직을 결심한 건 사람들이 더 즐겁게 일할 수 있도록 돕는 회사에서 일하고 싶었기 때문이었다. 직무를 바꾼 건 사람들의 필요를 더 가까이서 관찰하고 그에 맞는 해결책을 제안하고 싶어서였다. 내 선택의 근저에는 항상 '사람들이 스스로를 존중하며 자기답게 살 수 있도록 돕고 싶다'는 나다운 바람이 있었다. 괴테가 "인간은 노력하는 한 방황한다"고 했던가. 내 방황의 역사들을 하나의 이야기로 엮자 '자기다움을 좇아온 사람'이라는 관점이 생겼다. 그렇게 정의한 순간 내 모든 이야기를 당당히 말할 수 있게 됐다.

3. 삶의 방향성을 발견한다.

연결은 인생을 길게 바라보도록 한다. 단편적인 기록은 하나의 조각일 뿐이지만 그것들을 엮으면 나만의 흐름이 보인다. 내가 쓰는 일기에는 자주 "~를 만들고 싶다", "~를 구현하고 싶다", "~를 표현하고 싶다"는 말이 등장했다. 그땐 대수롭지 않게 썼지만 몇 년 치 일기에서 이 키워드가 반복되고 있다는 걸 깨달았을 때 '아, 나는 내 감각과 철학을 담아 무언가를 구축하는 삶을 원하는구나' 하고 정리되었다. 과거의 기록은 그냥 지난 이야기가 아니었다. 그건 미래를 향한 무의식적인 신호들이었다. 연결은 일기장 속에 흩뿌려진 조각들을 엮어 과거의 나와 현재의 나를 이어주고 미래의 방향을 제시해준다.

나만의 일기를 만들다

16년간 일기를 다양한 방식으로 써왔다. 나에게 편지를 보내기도 하고, 내가 쓴 일기를 한 권의 책으로 엮기도 했다. 2012년부

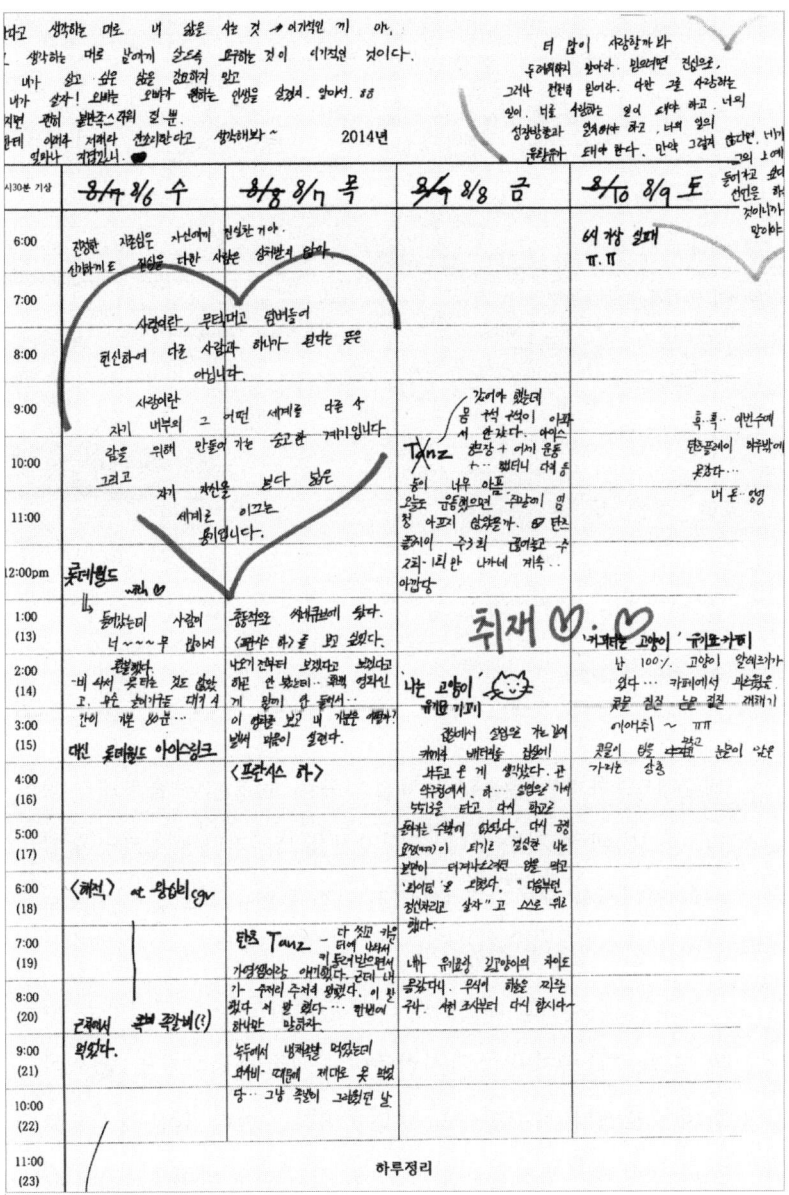

2014년 하반기에 만든 일기 템플릿

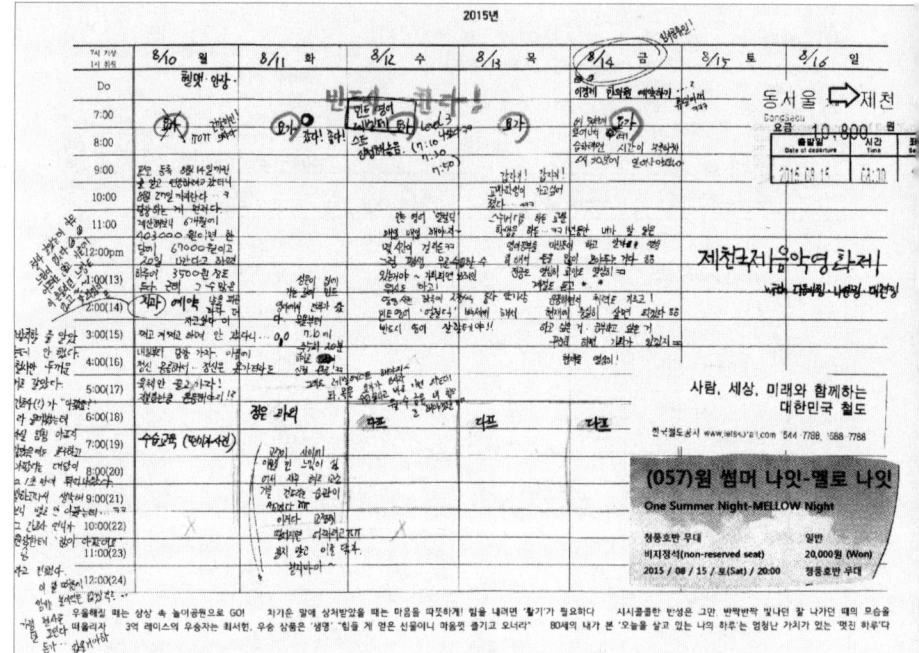

2015년에 만든 일기 겸 일정표

터 2015년까지는 템플릿을 직접 만들어 A4용지에 출력해서 썼다. 원고지에 쓴 적도 있다. 그림일기를 그리거나 포스트잇을 활용해 일기장을 꾸미기도 했다. 긴 기간 동안 다채로운 방법으로 일기를 쓰며 일상을 정돈했다.

일기는 나 자신과 대화하며 나의 깊숙한 면들을 이해할 수 있게 도와준다. 하지만 많은 사람들이 일기를 쓰려다가도 '뭘 써야 할지 모르겠다'는 고민에 막혀 멈춰버리곤 한다. 같은 형식으로 쓰다 보면 지루해지기도 쉽다. 그럴 땐 나만의 방식으로 일기를 만들어보는 것도 해봄직하다. 노트에 칸을 나눠 적어도 좋고 아예 빈 A4 용지에 나만의 형식을 만들어 인쇄해도 좋다.

내가 일기를 쓸 때 활용한 13개의 아이디어를 제시하려 한다. 모두 직접 일기를 만들 때 사용한 요소들이다. 앞서 언급한 감정 일기나 오감, 질문을 활용한 일기까지 추가한다면 더 풍성한 일기를 만들 수 있다.

1. 나에게 한마디

하루를 시작하거나 마무리할 때 자신에게 한마디를 건넨다. 일기 상단에 한 문장만 쓸 수 있는 칸을 만들어 활용하곤 했다. 짧지만 진솔하게 나와 대화하는 시간이다. "아쉬웠지만 내일은 더 잘할 수 있을 거야"와 같이 짧은 문장으로 적어도 좋다. 나에게 한마디를 전하며 격려하거나 위로한다. 다짐을 적을 수도 있다. "오늘은 만나는 사람에게 긍정적인 에너지를 전하는 하루를 살래" 하는 식으로 하루를 어떻게 보낼지에 대한 소박한 각오를 적어도 괜찮다. 나에게 한마디를 속삭이며 내면의 목소리를 듣고 나와 좋은 관계를 맺을 수 있다.

2. 아이디어

아이디어는 하루 동안 떠오른 생각과 영감을 자유롭게 기록하는 항목이다. 줄 없이 공란에서 시작하는 것도 추천한다. 그림을 그리거나 낙서를 해도 괜찮다. 개인적인 아이디어부터 업무와 관련된 아이디어까지 폭넓게 적는다. 실행해야 한다는 부담은 내려놓는다. 아이디어에 쓴 걸 당장 실행하지 않더라도 의미가 있다. 지금 적은 아이디어가 나중에서야 빛을 발할 수도 있다. 내 안의 무궁한 가능성을 발견하도록 돕는 아이디어 항목. 공중에 떠도는 생각을 잡아 자원으로 활용하자.

3. 편지 쓰기

누군가에게 편지를 쓰는 것처럼 일기를 쓴다. 받는 사람은 내가 되어도 좋고 다른 사람이 되어도 좋다. '인생관'을 다루면서 얘기한 것처럼 2010년 무렵에 '미래의 나'에게 편지를 쓰듯이 일기를 쓴 적이 있다. 수험생 시절에는 엽서를 잔뜩 사 독서실 선반 위에 두고 힘들 때마다 은사님께 편지를 썼다. 이별했을 때도 편지를 써 마음을 정리하곤 했다. 이별 편지는 부칠 순 없지만 감정을 해소할 수 있게 도움을 준다. 독자를 생각하며 눌러 쓴 편지엔 진솔한 이야기가 담긴다. 편지를 쓰는 과정을 통해 차분히 하루를 돌아보며 감정을 헤아릴 수 있다.

4. 오늘 하루 평가

하루를 간단하게 평가하며 오늘을 돌아볼 수 있다. 10점 만점으로 점수를 매기거나 하루를 요약해본다. 날카로운 비판자의 자세로 하기보다는 다정한 선생님의 마음으로 평가한다. 자책하려는 목적으로 하는 게 아니다. 하루를 마무리하며 만족스러운 점과 부족한 점을 균형 있게 살피는 데 목적이 있다. 가볍게 하루를 평가하다 보면 더 나은 내일을 기대하게 된다.

5. 교훈

하루를 지내며 깨달은 점을 기록하는 항목이다. 일기를 만들어 쓰던 시절, 한 구석에 '배울 점' 코너를 넣어 매일 깨달은 교훈을 기록했다. 한 문장으로 간단하게 적어도 충분하다. 성공하거나 실패한 경험 모두에서 교훈을 얻을 수 있다. "친구의 얘기를 더 경청해 들어야겠다"와 같은 소소한 교훈도 괜찮다. 교훈이 쌓이면 나만의 지혜가 된다.

6. 문제와 해결책

우리는 살면서 수많은 문제 상황을 겪는다. 주목할 건 사람마다 문제를 해결하는 방식이 다르다는 점이다. 예를 들어 '계획한 일이 예상대로 되지 않았다'는 문제가 생겼을 때, 어떤 이는 바로 새로운 계획을 세우며 빠르게 다음 행동으로 옮긴다. 반면 누구는 감정의 여운을 충분히 소화한 뒤에야 다시 움직일 힘을 얻는다. 그래서 문제를 해결하는 방식을 유심히 살피면 나를 더 깊이 이해할 수 있다. 이를 통해 어려움을 객관적으로 바라보는 힘을 기르고 비슷한 상황이 생겼을 때 지혜롭게 대처하는 법을 터득한다.

7. 감사한 점

하루 동안 있었던 일 중 감사한 점을 적는 항목이다. "해가 떠서 기분이 좋아 감사하다", "친구와 대화할 수 있어서 감사하다"와 같이 사소한 걸 적어도 괜찮다. 감사하는 습관을 들이면 삶을 긍정적으로 바라보게 된다. 어려운 상황에서도 빛을 발견하고 앞으로 나아갈 힘이 생긴다.

어느 순간 감사하는 게 지겨워진 때가 있었다. 억지로 감사한 일을 찾고자 하는 것 같아 하기 싫었던 때. 삶이 너무 어려워서 감사한 걸 찾고 싶지 않던 때. 그런데 이런 순간에도 결국 빛을 원했다. 희망이 있길 바랐다. 그래서 또 다시 감사한 걸 써 내려갔다. 그러자 일상이 윤택해졌다.

우리가 가지고 있는 것 중 당연한 것은 하나도 없다. 지금 여기서 당연히 누릴 수 있는 것이 지구 반대편에 가면 당연하지 않기도 하다. 공기, 물, 집, 인터넷, 책 등. 내 곁에 있는 것들에 먼저 감사하는 습관을 들이자. 작게라도 감사해하는 습관은 분명한 행복을 가져다준다.

8. 개선할 점

하루를 돌아보며 아쉬웠던 점이 있다면 내일, 같은 아쉬움이 반복되지 않도록 기록한다. 이때 반성하는 데 초점을 맞추기보다는 더 나은 미래를 여는 데 초점을 맞추면 좋다. 그런데 요즘은 '언제까지 성장해야 하나' 싶은 의문이 들면서 개선할 점을 매일 꾸역꾸역 찾으려 하지는 않는다. 개선할 점이 떠오를 때만 가볍게 기록한다. 이러한 과정은 더딜지라도 성장에 도움이 된다. 다만, 자책의 소굴에 빠지지 않도록 주의해야 한다.

9. 콘텐츠 스크랩

바야흐로 콘텐츠의 시대다. 책, 광고, 신문, 뉴스, 인터뷰, 유튜브, 팟캐스트, 음악, 영화, 드라마 등 다양한 콘텐츠들이 매일 쏟아져 나온다. 같은 콘텐츠를 봐도 사람마다 마음에 내려앉는 문장이 다르다. 자신과 관련이 있는 문장을 만났을 때 마음이 갈 수밖에 없다. 그래서 콘텐츠 속 문장을 수집하는 것도 도움이 된다. 자잘한 스크랩이 쌓이면 내 관심사를 면밀히 파악할 수 있다.

10. 꿈

여기에서 꿈은 잘 때 꾸는 꿈이다. 무의식은 현실을 반영한다. 나도 모르게 신경 쓰고 있던 부분을 파악할 수 있다. 내 경우 좋은 꿈은 거의 안 꾸는 편이지만, 현실에서 스트레스 받는 일이 있으면 그 스트레스와 관련된 내용이 꿈에 나온다. 그랬을 때 기상 직후 꿈을 기록하면 어떤 면에서 스트레스를 받고 있는지 확실히 알게 된다. 내가 몰랐던 나를 발견할 기회가 잠재의식 안에 숨겨져 있다.

11. 소망

하루 동안 바랐던 것이나 인생을 통틀어 이루고자 하는 걸 적는다. 단순한 바람일 수도 있고 구체적인 목표일 수도 있다. "내일 주간 보고가 무사히 끝났으면 좋겠어"와 같은 일상적인 소망부터 "죽기 전엔 몽골 여행을 가고 싶어"와 같은 버킷리스트 형태의 소망까지. 원하는 것들을 편하게 적는다. 소망을 적으면 자신이 무엇을 원하고 있는지 선명히 알 수 있다. 또한 소망을 적는 것만으로 그 바람을 실현할 전략까지 떠오르기도 한다.

12. 일정표와 결합

일기와 일정표를 결합해 쓰는 것도 좋은 방법이다. 왼쪽에는 일정을 표시하고 오른쪽에는 일기를 쓸 수 있는 칸을 둔다. 그럼 일정에 맞춰서 그 일정을 수행할 때 드는 생각들을 바로 기록할 수 있어 유용하다.

13. 질문과 답

스스로에게 질문을 던지고 답을 적는 항목이다. 평소에 질문이 떠오를 때마다 메모장에 기록을 해두고 나중에 일기를 쓸 때 질

일정을 체크하며 바로 옆에 일기를 썼다.

문을 꺼내어 답한다. 예를 들어 '나는 외향형 인간일까? 내향형 인간일까?', '좋아하는 일과 잘하는 일 사이에서의 고민은 어떻게 매듭지어야 하는가?', '나는 언제 가장 행복한가?', '마음을 풍요롭게 하는 요소는 뭘까?', '나에게 성공이란 무엇인가?' 등. 철학적인 질문부터 유쾌한 질문까지 다양하게 던지며 생각의 너비와 깊이를 확장한다.

루틴: 쉼과 몰입의 균형

루틴? 리추얼? 습관?

듣기만 해도 헷갈린다. 루틴, 리추얼, 습관은 일상에서 뒤섞여 사용되는 경우가 많다. 이럴 때는 각 단어의 어원을 살펴보는 것이 의미의 본질을 이해하는 데 도움이 된다. 비슷해 보일 수 있지만, 엄연히 다른 개념들이니 하나씩 차근히 짚어보자. 아래 설명은 옥스퍼드 영어사전을 기준으로 정리한 것이다.

루틴 Routine 이란?

- 프랑스 단어 'routine'에 뿌리를 두고 있으며, 길을 의미하는 'route'에서 파생됐다.

- 프랑스어 'routine'은 관습적이거나 정기적인 행동 과정을 의미한다.
- 영어에서 'routine'은 17세기에 최초 사용됐으며 규칙적이거나 습관적인 일련의 활동이나 절차를 가리키는 말로 쓰였다.

리추얼 Ritual이란?

- 'ritus'에서 파생된 라틴어 'ritualis'에서 유래한 단어다.
- 'ritus'는 의식 혹은 종교적이거나 다른 엄숙한 의식이나 행위를 의미한다.
- 리추얼이 처음 사용된 건 16세기며 대체로 종교적 의식이나 행사의 수행 또는 실천을 묘사하는 데 사용됐다.
- 하지만 점차 사용 범위가 넓혀져 요즘은 일상의 구조를 부여하는 습관적인 행동들에도 '리추얼'을 사용한다.

습관 Habit 이란?

- 상태, 외모, 복장을 뜻하는 라틴어 'habitus'에서 유래했다.
- 'habitus'는 '가지다' 혹은 '소유하다'를 의미하는 동사 'habēre'에 뿌리를 둔다.
- 처음에는 신체 상태나 복장과 관련된 의미로 쓰였으나 영어로 넘어오면서 관습적인 행동과 관련된 더 넓은 의미로 발전했다.

요약하자면 세 개념 모두 '반복적인 행동'이라는 공통점을 가지지만, 지향하는 방향은 서로 다르다. 루틴은 일상을 질서 있게 관리하기 위한 규칙적인 흐름이고, 리추얼은 특정한 의미나 감정을 담은 상징적 행위다. 습관은 반복 끝에 무의식적으로 굳어진 자동화된 행동이다. 이 셋은 우열을 가릴 수 없으며, 대립하는 개념이 아니라 서로를 보완하며 발전시킨다. 루틴이 반복되면 습관이 되고, 습관은 루틴을 단단하게 만든다. 의미가 더해지면 리추얼이 되고, 반복된 리추얼은 자연스럽게 루틴으로 녹아든다. 나는 '루틴'에 집중해 내 생체 리듬에 맞는 루틴을 다음과 같은 세부적인 방법으로 설계했다.

루틴을 만들어야 하는 이유

무언가를 꾸준히 지속하려면 왜 해야 하는지, 이유가 명확해야 한다. 이유가 분명할수록 동기와 실행력이 높아진다. 운동을 해야 한다고 머리로는 알아도 '건강에 좋다니까 해야지'라는 막연한 이유만 있으면 흐지부지되기 쉽다. 반면 '운동을 꾸준히 해서 허리 통증 없이 글을 오래 쓰고 싶어'라는 식으로 이유가 뚜렷하면 더 길게 달려갈 힘이 생긴다. 이 원리는 루틴에도 똑같이 적용된다.

루틴을 만드는 이유는 크게 두 가지다. 하나는 일상의 주도권을 갖는 것, 다른 하나는 원하는 변화를 일으키는 실행력을 높이는 것. 이 두 가지가 루틴의 핵심 역할이다.

1. 일상에 대한 주도권을 갖는다.

 루틴은 내가 중요하게 여기는 일을 일상에 담아내는 나만의 구조다. 이 구조가 있으면 긴급한 일에만 반응하며 하루를 소비하는 패턴에서 벗어날 수 있다. 중요하지만 당장 급하지 않은 일들을 우선순위에 두기란 쉽지 않다. 하지만 인생을 장기적으로 볼 때 그런 일들이 나를 진정 앞으로 나아가게 한다.

 예를 들어 '언젠가는 책을 내고 싶다'는 소망이 있다고 해보자. 그런데 이 목표는 늘 바쁜 일상 속에서 후순위로 밀리기 십상이다. '그 일은 나중에 해도 되니까'라는 생각이 반복되면 중요한 목표는 평생 '나중'이라는 서랍에 갇히게 된다. 이때 루틴이 있으면 이야기가 달라진다. 가령 '토요일 오전 10시부터 2시까지는 책 관련 작업을 하는 시간'이라고 정해두면, 그 시간은 다른 약속보다 우선시되는 나와의 약속이 된다. 다른 일이 잡히려고 할 때 "그때는 중요한 작업 시간이야"라고 선을 그을 수 있다. 이렇게 루틴은 나의 우선순위를 지켜주는 도구가 된다. 루틴을 활용해 내가 정한 리듬으로 삶을 설계할 수 있다.

 나도 갑자기 잡힌 프로젝트를 진행할 때면, 중요한 일이 급한 일들에 밀리는 경우가 있었다. 그런데 루틴으로 언제, 무엇을 할지를 미리 정해두고 나서는 중요한 일에 시간을 내는 것이 당연해졌다. 급한 일이 생기더라도 우선순위를 조정할 수 있는 기준점이 생기는 것이다. 루틴은 형식적인 일정이 아니다. 내가 지키고 싶은 가치를 매일에 담아내는 방식이다. 그래서 루틴이 있으면 내 삶의 방향과 속도를 내가 조절할 수 있게 된다.

2. 반복을 쉽게 만들어 변화를 촉진한다.
한 번쯤은 이런 경험이 있을 것이다. 운동을 오랜만에 하려고 하면 시작이 너무 어렵다. 운동화 끈을 묶는 것조차 귀찮고 집 밖으로 나가기도 싫다. 근육통이 몰려오고 다음 날은 일어나기조차 힘들다. 하지만 꾸준히 주 2~3회 운동을 지속하면 몸이 적응하면서 시작 자체가 훨씬 쉬워진다. 근육통도 처음보다는 줄어든다.

   루틴은 시작의 장벽을 낮춰준다. 처음에 어려운 행동도 반복하면 익숙해지고, 익숙해지면 실행에 드는 에너지가 줄어든다. 행동의 난이도가 쉬워지는 게 아니라 행동을 실행하는 것 자체가 수월해진다. 실행의 반복은 변화를 낳는다. 꾸준히 지속한 작은 행동 하나가 결국 내 삶을 바꾼다.

루틴 만들기 1단계
기존 생활 패턴 파악하기

루틴을 만들기 전 가장 먼저 해야 할 일은 지금의 생활 패턴을 파악하는 것이다. 지금 내가 어떤 방식으로 하루를 보내고 있는지 모르면 어디에 루틴을 추가할지조차 알 수 없다. 사람마다 생체 리듬과 활동 스타일은 천차만별이다. 아침형 인간이 있는가 하면 저녁에 집중력이 올라가는 사람도 있다. 루틴은 남들이 좋다는 걸 따라하기보다 나에게 맞춰 짜야 지속 가능하다.

생활 패턴을 파악하는 방법은 간단하다. 하루를 행위 단위로 추적해보자. 일주일 동안 노트나 메모 앱을 활용해 다음과 같이 기록한다. 24시간 내내 할 필요는 없다. 루틴으로 만들고 싶은 시간대만 기록해도 충분하다.

7:00 기상 (휴대폰 알람 끄고 메시지 확인)
7:15 ~ 7:40 샤워 (팟캐스트 듣기)
7:40 ~ 8:00 아침 먹기 (유튜브로 뉴스 보기)
8:00 ~ 8:30 나갈 준비 (옷 갈아입고 머리 손질, 할 일 정리)
8:30 ~ 9:30 출근길 (영화 보기)

이런 식으로 추적하다 보면 내가 시간을 어디에, 어떻게 쓰고 있는지 흐름이 보인다. 위의 예시 정도까지 구체적으로 할 필요는 없다. 내가 편한 정도로 기록해도 좋다. 일주일쯤 기록한 뒤 아래의 여섯 가지 항목을 참고해서 정리해보자.

1. 중요한 일과 중요하지 않은 일 구분하기

할 일을 '중요한 일'과 '덜 중요한 일'로 구분하고, 그에 따라 행동의 우선순위를 정한다. 중요한 일이란, 궁극적인 지향점 가까이 나를 이끄는 일이다. 반면 중요하지 않은 일은 해야 하지만, 내가 원하는 삶을 꾸리는 데 본질적인 기여를 하지는 않는다. 일주일 동안 수행한 일들을 돌아보며 각 항목의 중요도를 평가해보자. 이때 중요성과 비중을 명확히 나누는 것이 쉽지 않을 수 있으니, 리커트 척도에 따라, 중요도가 높을수록 '5'에 가까이, 중요도가 낮을수록 '1'에 가깝게 체크하는 것도 방법이다. 이렇게 자신의 활동을 분류하고 우선순위를 매기는 것이 첫 번째 과제다.

2. 시간을 어디에 낭비하고 있는가

어디에 시간을 낭비하고 있는지 알아야 낭비되는 시간을 줄일 수 있다. 매 순간을 효율적으로 보내지는 않아도 된다. 어느 정도의 낭비와 휴식은 필요하다. 하지만 허용할 수 있는 여유와 줄이고 싶은 낭비는 구분하는 게 좋다.

SNS를 예로 들어보자. 우리는 SNS를 통해 양질의 정보를 접하기도 하고, 지인의 소식을 전해 듣는다. 하지만 습관적으로 스크롤을 내리면서 시간을 낭비하기도 한다. 이때는 시간 제한 등으로 SNS가 나를 잡아먹지 못하도록 먼저 그물을 치는 게 필요하다.

3. 제거할 습관은 무엇인가

패턴을 기록해보니 반복적으로 하고 있지만 큰 도움이 되지 않는 행동이 있을 수 있다. 그런 행동을 꼽는다. 예를 들어, 일하다 중간에 휴대폰을 열어보는 습관이 있다고 하면 그 습관은 제거하고 싶을 수 있다. 하지만 이것도 사람마다 다를 것이다. 자신의 기준에서 봤을 때 제거할 습관을 확인하면 된다.

4. 추가하고 싶은 습관은 무엇인가

제거할 습관을 확인한 뒤에는 루틴에 포함하고 싶은 습관을 정리해본다. 이때는 다음 장 습관 목록을 참고하자. 행동으로 쉽게 연결할 수 있도록 일부러 습관을 구체화해 제시했다. 표에 나와 있지 않은 습관을 새롭게 추가하는 것도 환영이다.

5. 생산성이 높은 시간과 생산성이 낮은 시간 파악하기

사람마다 생산성이 높아지는 시간과 낮아지는 시간이 다르다. 어떤 사람은 아침에 생산성이 올라갈 수도 있고, 어떤 사람은 저녁

재정	건강
경제 팟캐스트 청취	스트레칭
경제 관련 독서	스쿼트 10번
신문 읽기	집 옆 공원 산책
가계부 작성	영양제 복용
대중교통 이용	아침 도시락 준비
매일 1만 원 적금	종아리 마사지
기업 재무제표 분석	그린 푸드 섭취
주식 종목 분석	과일 챙기기
배달 대신 포장	인바디 체크
재무 리포트 작성	모닝 스무디
소비 감정 기록	러닝

관계	성장	마음챙김
구체적 칭찬하기	확언 적기	명상
예쁜 말 하기	10분 독서	차 마시기
편지 작성	미드 쉐도잉	청소하기
가족과 식사	투두리스트 작성	감사일기 쓰기
안부 연락	원서 필사	침구 정리
감사한 마음 표현	언어 공부	거울 보고 웃기
반려동물과 산책	목표 3번 외치기	식물에 물 주기
질문하기	악기 연주	시 낭독
약속 시간 준수	회고노트 작성	모닝페이지 작성
용서일기 작성	일기 쓰기	밤에 휴대폰 끄기
의미 있는 스킨십	하루 15분 실행	호흡에 집중하기

에 생산성이 올라갈 수도 있다. 나의 집중력이 최고조에 달하는 때와 집중력이 흐려지는 때를 확인하자. 그래야 효과적으로 항목을 구성할 수 있다.

6. 수면 시간은 충분한가

나에게 맞는 기상 시간과 취침 시간도 사람마다 다르다. 몇 시간 이상 자야 다음 날 개운한지, 언제 기상해야 활력이 돋는지. 나의 수면 리듬을 확인하고 적절한 시간을 계산해본다.

이렇게 1단계에서 현 상태의 흐름과 리듬을 파악했다면, 그 위에 나만의 루틴을 설계할 수 있다. 다음 단계에서는 루틴을 어떻게 설계할지 구체적으로 알아보자.

루틴 만들기 2단계

루틴 설계하기

루틴은 행동을 체계화하며 생활에 시스템을 부여한다. 고민하는 데 시간을 쓸 필요 없이 자동으로 특정 행동이 나오게끔 한다. 그 과정에서 준비 시간은 단축되고, 온전히 목표한 행동 자체에만 집중할 수 있게 된다. 처음부터 루틴이 몸에 배게 하기란 쉽지 않

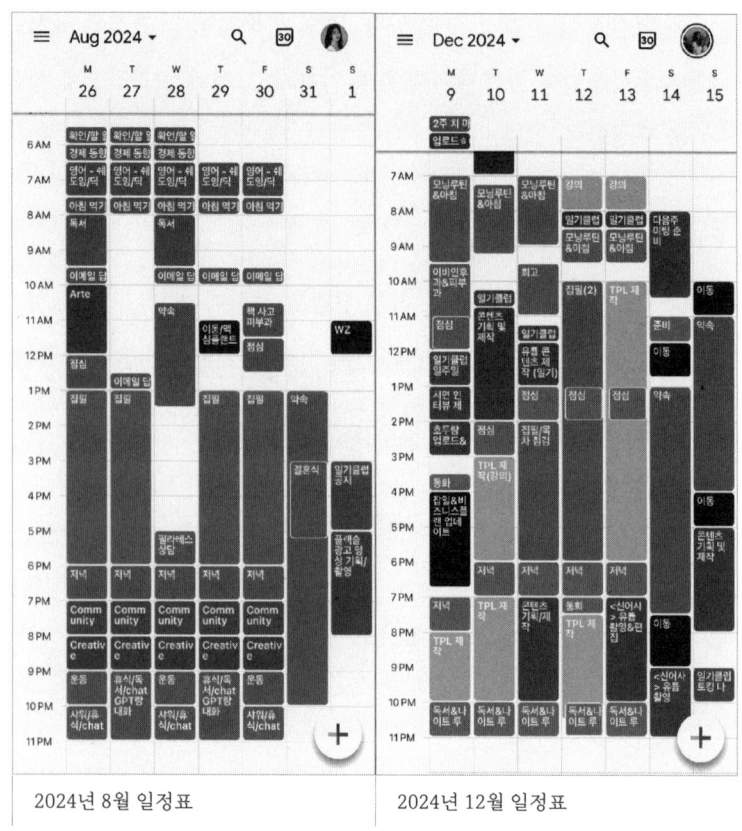

2024년 8월 일정표　　　　　2024년 12월 일정표

다. 하지만 루틴을 지속적으로 실행해 내 것으로 만들면 루틴을 실행하지 않았을 때 찝찝해지는 때가 온다. 그 찝찝함을 느끼는 순간이 바로 루틴이 내 것이 됐다는 신호다.

　하루 중 얼마만치의 시간을 루틴으로 만들지는 내가 정하면 된다. 나는 아침과 밤 시간대를 위주로 루틴화하려고 하는 편이다. 하지만, 아침만 혹은 저녁만 또는 하루 전체를 루틴으로 만들고 싶은 사람도 있을 것이다. 처음부터 하루 전체를 루틴으로 만들려고 하면 시작하기도 전에 지칠 수 있다. 처음에는 모닝 루틴, 이브닝 루틴, 나이트 루틴 이렇게 특정 시간대에 루틴을 형성하는 것부터 시작하는 게 좋다. 그렇게 작은 루틴에 익숙해지면 차차 새로운 루틴을 추가한다.

루틴을 만들 때 기억해야 하는 세 가지 내용이 있다. 이를 활용해 나에게 맞는 루틴을 만들어보자.

1. 중요한 것부터, 중요하지 않은 건 나중에
기본적으로 나에게 중요한 일을 앞쪽에 배치한다. 우선순위가 높은 일부터 시작해서 우선순위가 낮은 일 순서대로 진행한다. 그래야 나한테 중요한 일이 중요하지 않은 일에 밀리지 않게 할 수 있다. 근데 왜 '기본적으로'라는 말을 덧붙였냐 하면, 일에는 긴급도도 있기 때문이다.
'아이젠하워 매트릭스'를 들어본 적이 있는가? 이 매트릭스는 과업의 중요도와 긴급도를 기준으로 우선순위를 정하는 도구다. 이를 참고해 루틴을 구성할 때도 순서를 정해본다.

아이젠하워 매트릭스

	긴급	긴급하지 않음
중요함	**해야 할 일:** 마감일이나 결과가 있는 작업	**일정 짜기:** 마감일이 명확하지는 않지만 장기적인 성공에 기여하는 작업
중요하지 않음	**위임하기:** 무조건 실행되어야 하지만 꼭 내가 아니어도 되는 작업	**삭제하기:** 일정에 방해가 되거나 불필요한 작업

1순위. 중요하고 긴급한 일

2순위. 중요하지만 급하지 않은 일

3순위. 중요하지 않지만 급한 일

4순위. 중요하지도 급하지도 않은 일

여기서 문제는 1순위에 속한 일이 장기적으로는 나에게 중요한 일이 아닐 수 있다는 점이다. 예를 들어 회사에서 "A 업무를 내일까지 마무리해주세요"라고 요청한다면 이는 중요하고 긴급한 일이 된다. 하지만 그 일이 내 인생의 장기적인 목표와 직접 연결된 일은 아닐 수 있다. 그래서 그 사이사이에 '내가 진짜 중요하게 여기는 일'을 놓치지 않도록 루틴을 만들 필요가 있다.

영어 공부, 운동, 일기 쓰기, 신문 읽기, 경제 공부, 독서 같은 활동들은 급하진 않지만 장기적으로 나를 성장시킨다. 내가 원하는 삶을 살기 위해 필요한 일에 가깝다. 그래서 우리는 당장의 급한 일을 처리하되 2순위인 '중요하지만 급하지 않은 일'도 일상에 넣어두어야 한다. 그래야 삶의 리듬과 방향성을 지킬 수 있다.

여기에서 시간 관리에 관해 자주 인용되는 '항아리와 돌' 일화를 떠올려보자. 당신 앞에 빈 항아리 하나가 있다. 그리고 그 옆에는 주먹만 한 큰 돌, 조약돌, 모래, 물이 있다. 당신은 이 항아리를 어떻게 채울 것인가?

일화의 주인공은 큰 돌을 가장 먼저 항아리에 넣었다. 그러면 틈새가 생긴다. 그곳에는 조약돌을 넣는다. 조약돌을 넣어도 틈새는 있을 테다. 그러면 모래를 붓고, 물을 부어 항아리를 완전히 채웠다고 한다.

그런데 만약 처음에 물을 부었다면 큰 돌은 들어갈 자리가 없었을 것이다. 이 이야기에서 큰 돌은 내 인생에서 정말 중요한 일들을 뜻한다. 조약돌, 모래, 물로 갈수록 중요도가 낮은 일들이다. 진짜 중요한 일을 먼저 넣으면 그 외의 일들은 자연스럽게 빈틈에 채울 수 있다. 하지만 중요하지 않은 일에 시간을 먼저 쓰면 정작 중요한 일에 쓸 시간과 에너지가 남지 않는다.

루틴을 설계할 때 이 원리를 기억하자. 중요한 일을 앞쪽에 배치하되 '중요하지만 급하지 않은 일'을 일상 안에 반드시 포함시키는 게 중요하다. 그것이 결국 장기적인 방향성과 깊게 연결되기 때문이다.

2. 성격이 비슷한 일은 같은 시간대에 배치한다.
하루를 구성하는 일이나 행동은 제각기 다른 성격을 지닌다. 회사 업무만 보더라도 회의, 집중이 필요한 프로젝트, 잡무, 이메일 커뮤니케이션처럼 일의 성격이 다양하다. 개인적인 일도 마찬가지다. 부업, 공부, 운동, 취미, 킬링 타임, 약속 등 각 활동이 요구하는 에너지와 집중도가 다르다. 이때 비슷한 성격의 일들을 같은 시간대에 묶어 배치하면, 에너지의 낭비를 줄이고 흐름을 만들 수 있다. 예를 들어 나는 평일 오전을 '집중 업무 시간'으로 두고, 고도의 집중력이 필요한 일들을 처리한다. 점심을 먹고 긴장이 풀리는 오후는 '커뮤니케이션 시간'으로 정해 이메일 답장, 회의, 발주 등 소통 업무를 중심으로 한다. 이렇게 하면 오전에는 끊김 없이 몰입할 수 있고, 오후에는 살짝 힘을 빼 리듬을 유지할 수 있다.

자기계발이나 여가 활동도 마찬가지다. 운동은 저녁 7시, 독서나 강의 듣기는 아침 식사 후 1시간 이런 식으로 정해두면 뇌와 몸이 그 시간에 맞춰 익숙해진다. 특정한 시간대에 특정한 일을 반복하면 뇌가 '그 시간엔 그 일을 하는 모드'로 전환해준다. 그 덕분에 맥락 전환으로 인한 피로도가 감소하고 해야 하는 일을 질질 끄는 일도 현저히 줄어든다.

하루를 더 선명하게 설계하고 싶다면 지금 내가 하고 있는 일들을 성격별로 나눠보자. 그리고 비슷한 일들은 한 덩어리로 묶어 정해진 시간대에 배치한다. 그러면 몰입을 유지해 에너지를 효율적으로 쓰면서도, 하고 싶은 일과 해야 하는 일을 균형 있게 실행할 수 있다.

3. 한 과업에 90분 이내로 설정한다.

이전 단계에서는 과업의 성격을 기준으로 분류해 비슷한 성격의 일을 같은 시간대에 배치했다. 이제는 각 성격 안에 들어 있는 개별 과업 단위로 들어가보자. 성격과 개별 과업은 다음 표를 참고해 구분한다.

여기서 중요한 원칙이 있다. 바로 하나의 과업을 수행하는 데 90분 이내로 시간을 제한하는 것이다. 집중력에 관한 연구들에 따르면 대부분의 사람은 한 번에 최대 90분 정도 집중력을 유지할 수 있다.* 그 이상으로 시간이 지나면 집중력이 떨어지고 효율

---

* 인간의 뇌는 약 90분 주기로 에너지 수준이 오르내리는 '기본 휴식-활동 주기 Basic Rest-Activity Cycle(BRAC)'를 따른다는 연구가 있다(Kleitman, 1963). 이후 이에 이의를 제기하는 연구들이 나오기도 했지만, 여전히 자기계발 분야에서는 해당 연구를 많이 인용한다.

카테고리(성격)	개별 과업 예시
자기계발	영어 공부, 운동, 그림 배우기, 독서, 강의 수강, 글쓰기 실습, 자격증 공부 등
커뮤니케이션 업무	이메일 답변, 타 부서와의 소통, 고객 대응, 회의 참석, 피드백 주고받기 등
콘텐츠 제작	기획안 작성, 스크립트 쓰기, 촬영, 편집, 썸네일 제작, 내용 작성, 업로드 작업 등
건강 관리	스트레칭, 필라테스, 유산소 운동, 건강 식단 준비, 명상, 웨이트 트레이닝 등
집중 업무	보고서 작성, 발표 자료 만들기, 기획안 준비, 자료 조사, 문서 분석 등

도 낮아진다. 그래서 개별 과업은 30~90분 이내로 구성하는 것이 좋다. 더 길게 집중해야 할 때는 중간에 쉬는 시간(5~20분)을 넣어주는 것이 필요하다. 반대로 90분 이상 쓰지 않아도 되는 일이라면 시간을 넉넉히 잡기보다 정해진 시간 안에 끝내는 걸 목표로 하는 것이 집중도를 높이는 데 효과적이다.

모든 요일과 시간을 루틴화할 필요는 없다. 루틴이 의무로 느껴지면 금방 질릴 수 있다. 처음에는 하루 중 한 시간, 한두 개의 과업만 루틴으로 정해도 충분하다. 즐겁고 의미 있는 루틴을 하나씩 만들어가는 것이 그걸 오래 지속할 수 있는 방법이다.

루틴을 설계했으면 이제 실행할 차례다. 그런데 실행 과정에서 자연스레 시행착오를 겪을 수 있다. 과업 시간이 너무 짧았거나 어떤 루틴은 나와 맞지 않을 수도 있다. 그래서 다음 단계에서는 루틴을 실행하면서 피드백하는 방법을 살피려 한다.

루틴 만들기 3단계
피드백하기

루틴을 실행하다 보면 처음 계획할 때는 보이지 않던 문제들이 드러나곤 한다. 예상 시간과 다르게 작업이 오래 걸리거나, 중요하다 생각한 일이 막상 그렇게까지 중요하지 않은 경우도 있다. 처음 세운 루틴이 매끄럽게 실행되지 않는다고 해서 좌절할 필요는 없다. 루틴을 잘못 짠 게 아니라 조정할 지점이 생긴 것뿐이다. 루틴은 한 번 짰다고 완성되는 게 아니라 그때그때 나에게 맞게 끊임없이 조율해가는 살아 있는 시스템이다. 루틴을 피드백할 때는 아래의 세 가지 질문을 스스로에게 던져보자.

1. 내 능력을 객관적으로 보았는가?
루틴이 계속 지켜지지 않는다면 그 과업에 실제로 얼마나 시간이 드는지 다시 점검해보자. 처음에는 내 능력을 과대평가했을 수도 있다. 예를 들어, 원서 두 페이지 분석을 30분 안에 끝낼 수 있을 거라 판단하고 루틴에 넣었지만 막상 해보니 1시간 이상 걸린다. 이럴 때는 두 방향 중 하나를 선택해 루틴을 조정할 수 있다.

- 분량을 줄이기: 두 페이지 분석 → 한 페이지 분석으로 목표를 하향 조정
- 시간을 늘리기: 30분 → 1시간으로 실행 시간을 넉넉히 확보

직접 실행하기 전에는 내 실력을 객관적으로 정확하게 가늠하기 어렵다. 그래서 루틴을 실행해보며 '과업의 양'과 '투자 시간'을 측정하고 조정하는 과정을 거쳐야 한다. 과업마다 평균적으로 얼마의 시간이 드는지 파악하면 루틴이 더 현실적으로 내 삶에 밀착된 도구가 된다.

2. 중요하지 않은 일에 필요 이상의 시간을 쏟지는 않았나?

우리는 종종 해야 하지만 그다지 중요하지 않은 일들을 맡는다. 이런 일들을 할 때는 중간에 핸드폰을 보는 등 딴짓하며 늘어지기 쉽다. 그럼 본래 30분이면 끝날 일에 1시간이나 쓰게 된다. 이때 필요한 건 중요하지 않은 일에 최소한의 시간만 배정하는 전략이다. 중요하지 않지만 해야 하는 일을 일부러 마지막으로 미루는 것이다. 예를 들어 '잡무 이메일 정리'를 루틴에서 가장 마지

막 시간대에 30분만 할당한다. 그러면 남은 시간이 적기 때문에 집중해서 빠르게 마칠 수밖에 없다. 시간과 에너지를 덜 중요한 일에 빼앗기지 않도록 구조적으로 제어하는 것이다. 중요하지 않은 일은 뒤로, 짧게. 이 원칙만 기억해도 루틴의 밀도가 한결 높아진다.

3. 너무 빡빡하게 세우지 않았나?

루틴이 과도하게 세워지지는 않았는지도 점검해보자. 루틴을 빈틈없이 짜두면 한 가지 일이 예상보다 오래 걸렸을 때 다음 일정들이 줄줄이 밀리게 된다. 그럼 피로와 스트레스가 쌓인다. 루틴 속에는 의도적인 여백과 휴식이 반드시 필요하다. 중간중간 숨 쉴 수 있는 공간이 있어야 한다. 하루에 한두 시간은 아예 비워두는 것도 좋은 방법이다. 가끔은 아무것도 하지 않는 게 오히려 생산인 시간이 되기도 한다. 계획은 탄탄하게, 실행은 유연하게. 루틴은 나를 닦달하는 도구가 아니라 삶의 리듬을 잡아주는 도구라는 걸 기억하자.

루틴을 대하는 자세

루틴을 실행하다가 내가 '이걸 왜 하고 있지?'라는 회의감이 들

수도 있다. 나도 처음에는 '이걸 굳이 루틴으로 만들어야 하나, 오늘 해야 하는 일들을 적고 하나씩 끝내면서 체크하면 되지'라고 생각했다. 그런데 매일 아침, 일의 순서를 생각하는 것부터 스트레스로 다가왔다. 하루 동안 할 일을 A부터 H까지 쭉 적고, 어떤 날은 H 먼저, 어떤 날은 B부터 마음 가는대로 했다. 그러다 보니 해야 하는 일이 많아질수록 일상이 뒤엉키는 느낌이 들었다. 내 삶을 내가 통제하지 못한다는 생각에 답답했고, 일을 주체적으로 하는 게 아니라 해야 하는 일들에 내가 쓰이는 기분이었다. 그러자 일상을 정비할 필요성을 느꼈다.

그런 이유로 나만의 루틴을 만들었고 점차 일상이 가지런해졌다. '지금 내 일상에서 A > B > C > D 순으로 중요하니까 아침엔 A부터 시작해서 차례대로 끝내면 되겠네' 하고 우선순위가 명료해졌다. 이 과정에서 회의감이 들 때는 루틴을 다져서 얻고 싶은 게 뭔지 다시 떠올리며 개선해나갔다. 앞에서 말한 것처럼 나는 일상에 중요한 일과 중요하지 않은 일들이 뒤죽박죽 퍼져 있을 때 통제감이 들지 않아 괴로웠다. 그래서 중요한 것을 지키기 위해 루틴을 만들었고, 그 목적을 되새기며 즐겁게 실행해 올 수 있었다.

루틴은 처음부터 완벽하게 지켜지지 않아도 괜찮다. 중간에 흔들리거나 시행착오를 겪는 건 자연스러운 과정이다. 그럴 때는 피드백을 통해 내게 더 잘 맞는 방향으로 조금씩 조율해가면 된다.

설령 지금 나에게 딱 맞는 루틴을 만들었다 해도 언제든 바뀔 수 있다. 삶은 계속해서 바뀌고, 환경도 일터도 목표도 달라질 수 있기 때문이다. 나 역시 계절이나 생활 리듬에 따라 루틴이 달라진다. 어떤 루틴은 몇 달을 유지하기도 하고 어떤 루틴은 한 달 만에 바꾸기도 한다. 핵심은 루틴을 활용해 삶의 방향을 잃지 않는 것이다.

어떤 일이든 꾸준히 이어갈 때 비로소 빛을 발한다. 처음엔 미약하더라도, 작고 희미한 빛이 있어야 더 큰 빛을 낼 수 있다. 그러니 루틴을 만들고 피드백하고 내게 맞게 다듬어가는 모든 과정을, 부담이 아닌 성장의 여정으로 여겼으면 좋겠다. 그 여정 안에서 우리는 분명히 단단해지고 있을 테니.

Weekly

일주일을 조율하기
회복과 에너지의 재배치

4

1 정신력이 몸을 이길 수 있다고 믿었다

2 자기이해

3 하루

5 한 달

6 1년

소란한 한 주 속, 다시 나를 만나는 시간

나이가 들수록 시간이 더 빨리 흐르는 것처럼 느껴진다. 이는 단순히 기분 탓이 아니고, 실제로 인지 반응에 변화가 생긴다고 한다. 새로운 자극이 줄고 매일이 비슷해질수록 뇌는 정보를 덜 저장하게 된다. 그 결과 우리는 '시간 수축 효과'를 경험한다. 월요일 아침에 한숨을 쉬며 시작한 하루가 어느새 금요일 밤이 되고, 주말은 눈 깜짝할 새 사라진다. '이번 주는 어떻게 지나갔지?' 돌아보려 해도 피곤한 몸을 침대에 눕히는 순간 기억이 흐릿해진다. 보통 한 달이나 1년 같은 큰 단위의 시간은 일부러 돌아보기도 하지만, '일주일' 같은 짧은 기간에 대해서는 점검해야 한다는 필요성을 느끼지 못한 채 흘려보내곤 한다.

하지만 일주일은 삶을 조율하기에 가장 적절한 단위다. 너무 먼 미래를 바라보다 길을 잃을 필요도, 너무 짧은 목표를 좇다 조급해질 이유도 없다. 일주일은 지난날들을 돌아보고 마음을 새로 다잡기도 충분한 기간이다. 그 안에서 변화와 회복은 나란히 공존할 수 있다. 실제로 많은 조직이 주간 단위의 업무 계획을 공유하는 것도 같은 이유다. 주간 단위의 점검은 장기 목표에 느슨해지기 쉬운 태도를 다잡고, 실행의 경각심을 높이는 데 효과적이다.

나 역시 한때 '최이솔의 일기' 뉴스레터를 주간 단위로 계획해서 콘셉트를 맞췄고, 한 주의 끝마다 이름을 붙였다.

"사랑스럽지 않은 무기력이 내 방문을 열고 들어왔을 때"(2023년 9월 4주 차)
"'완벽하지 않아도 완벽해'라고 말하면서도 내 마음은"(2023년 9월 5주 차)
"사랑! 주고 싶은 마음 > 받고 싶은 마음 = 연애할 준비 완료"(2023년 10월 1주 차)
"내 마음은 두둥실 밤하늘을 유영"(2023년 10월 2주 차)

일주일에 이름을 붙이는 작은 의식 덕분에 나는 그 주의 감정과 흐름을 진솔하게 마주할 수 있었다. 힘든 감정이 일렁일 때조차 '이 또한 내 삶의 일부'로 받아들였고, 그렇게 한 주 한 주 나를 더 깊이 이해해나갔다.

4장에서는 감정을 이해하고 다루는 법부터 조화로운 일주일을 만드는 방법까지 이야기해보려 한다. 감정은 우리 삶에 중요한 신호를 보낸다. 이 감정들을 잘 다루기 위해서는, 그 안에 담긴 의미를 충분히 고민하고 해석하는 과정이 필요하다. 또한 균형 잡힌 일주일을 보내기 위해 계획을 유연하게 조정하는 법을 공유하려고 한다. 가령 소소한 기쁨을 마련한다든지, 소중한 사람들과의 관계를 돌본다든지, 충분한 쉼을 누린다든지 하는 식의 요소들을 계획 사이사이에 조화롭게 배치해 균형을 유지하는 것이다. 정신 없이 소진되는 일주일이 아닌, 충만함으로 채우는 일주일을 만들기 위해 무엇을 어떻게 배치할지, 내가 직접 시도해본 경험을 토대로 공유해보려 한다.

감정 지도 만들기

모든 감정의 쓸모

후회. 불안. 무기력. 두려움. 슬픔. 분노. 질투…. 소위 부정적인 감정이 느껴질 때 우리는 본능적으로 그 감정을 피하려 한다. 나 역시 한때는 괴로운 감정을 밀어내려고만 했다. 영화 〈인사이드 아웃〉의 기쁨이처럼 부정적인 감정을 애써 회피하며 행복만 남기고 싶어 했다. 하지만 감정은 억누른다고 사라지지 않았다. 외면할수록 불안은 더 커졌고, 무기력은 짙어졌다.

되레 감정들을 구체적으로 헤아리기 시작하면서 조금씩 괜찮아졌다. 처음부터 찬찬히 살펴본 건 아니다. 시작은 그저 분출이었다. 농도 짙은 우울에 사로잡혔을 때 본능적으로 꺼내든 펜과

종이. 그 위에 나를 졸라맨 감정들을 휘갈겼다. 가끔은 그 기록들을 찢어 버리고 싶을 정도로 끈적거리고 보기 싫은 마음들이 가득했다.

하지만 감정이 가라앉은 상태에서 다시 펜을 잡아 이유를 짚어 보기 시작했다. "왜 나는 이 상황에서 분노했을까?", "왜 이 일이 지나치게 아프게 다가왔을까?" 질문을 던지고 천천히 실마리를 풀어 나갔다. 그렇게 감정을 마주하며 마음속에 지도를 만들어갔다.

부정적인 감정이 든 데도 이유가 있겠거니 하고. 불안 없이는 대비할 수 없었을 테고, 걱정 없이는 예측하지 못했을 테고, 후회 없이는 성찰하지 못했을 테니, 결국 모든 감정은 나를 위해 존재한다고 믿게 되었다. 그래서 그 모든 마음을 '부정적인 감정'보다는 '자연스러운 감정'이라고 부르는 쪽을 선호한다. 이 감정들은 나에게 가족과도 같다. 미울 때도 있지만 결국 끌어안게 되는 존재. 우리는 자연스럽게 드는 감정들을 흔흔히 껴안아야 한다. 그래야만 진정으로 그들로부터 자유로워질 수 있다.

지금도 일주일에 한 번은 감정에 대해 묻는다.

"이번 주에 내가 주로 느낀 감정이 뭐였지? 그 감정이 내게 말하려는 게 뭘까?" 이런 식으로 내면의 소용돌이를 잠재우고 평안을 찾는다.

지금부터는 일곱 가지의 감정, '후회, 불안, 무기력, 두려움, 슬픔, 분노, 질투'를 하나씩 깊이 들여다보려 한다. 각 감정마다 내가 그것을 가장 선명하게 느꼈던 순간을 사례로 꺼내왔다. 내 경험들이 독자분들에게 제3자의 시선으로 감정을 관찰하고, 그 쓸모를 헤아리는 기회가 되었으면 한다. 감정은 밀어내야 할 적이 아니다. 오히려 더 나은 삶으로 나를 이끄는 길잡이에 가깝다. 감정과 친해질수록 우리는 깊고 단단하게 삶을 살아갈 수 있다.

후회
다시 선택할 기회

어린 시절 나는 후회를 끔찍이 싫어했다. 고등학생 때 쓴 일기를 보면 후회를 환멸하는 수준이다. "후회는 최악이다", "절대 절대 후회하기 싫다"와 같은 내용이 반복해 등장한다. 후회의 속성 중 되돌릴 수 없다는 게 특히 마땅찮았다. 그런 염증 덕분인지 시간을 되돌려도 같은 선택을 하고 싶은 하루하루를 보냈고, 생활면에서는 후회가 거의 없다. 지난날을 돌아보았을 때 아쉬운 건 기껏해야 교환학생을 가지 않은 것 하나 정도다. 아마 이 책을 2019년쯤에 썼더라면 여기까지 쓰고 멈췄을 것이다. 하지만 지금은 그때와 다르다.

엄격한 자기관리에는 이면이 있다. 자기 생활을 잘 관리하는 사람은 통제력이 강하다고 볼 수 있다. 자신만의 루틴을 세우고 철저하게 지키는 삶. 일에 몰두하는 삶. 언뜻 보면 멋들어져 보인다. 그러나 루틴이 빡빡하면 바람이 들어올 틈이 없고, 그런 사람이 첫 번째로 놓치기 쉬운 건 인간관계다.

친구들은 내게 연락할 때 이런 말을 덧붙이곤 한다. "바쁘지?", "요즘 바빠 보이더라." 요새는 이런 질문을 받으면 "아무리 바빠도 너를 만날 시간은 언제나 있지" 하고 응수한다. 바쁘다고 상대에게 여유 없게 구는 게 다소 품이 없어 보인달까. 결국 치열하게 일하는 이유도 좋아하는 사람들과 편안하고 만족스럽게 살기 위함이라는 걸 잊지 않으려 한다. 그런데 처음부터 이렇게 유연하진 않았다. 그동안 인간관계에서 생긴 크고 작은 후회들이 바람과 모래가 되어 벽을 깎으며 틈을 만들었다. 그중에서도 가장 큰 후회는 2020년 봄에 찾아왔다.

같은 동아리에서 친해진 언니가 있었다. 2014년 신입생 때 만나 6년 동안 서로의 시간을 쌓아왔다. 공강이 겹치면 만나 학교를 거닐고, 좋은 사람이 있으면 소개해주고, 책도 빌리고, 깊은 이야기를 나눴다. 그만큼 언니는 내가 누구보다 믿고 의지할 수 있는 사람이었다.

2017년, 어느 날 아르바이트를 가는 길에 엘리베이터에서 성추행을 당했다. 그 순간 가장 먼저 떠오른 사람은 엄마가 아니라 언니였다. 나는 다급히 언니에게 연락했고 언니는 고민 없이 현장으로 달려왔다. 그날 우리는 함께 CCTV를 확인하고 경찰서에

갔다. 언니는 놀란 나를 달랬고 그런 언니를 향한 고마움은 진해졌다. 언니는 소수의 사람들과 깊은 관계를 맺었는데, 동아리 사람들 중 내가 유일하게 언니의 졸업식에 가 함께 사진을 찍었다. 회사 생활을 시작한 뒤, 언니는 종종 회사에서의 고충을 털어놓았고 나는 언니의 회사 근처로 가 밥을 먹으며 이야기를 듣고는 했다. 그러다 코로나가 시작됐다. 그리고 봄이 스며들던 날, 오랜만에 언니에게 연락했다.

"언니야 잘 지내고 있어?! 그냥 안부 궁금해서 연락!"
"안녕! 나! 못 지내! 근데 너무 반가워!!!"
"왜 못 지내ㅜㅜ 브런치도 하더만"
"브린치 어두 운 거 해서 공개 불가야, 낄낄 뭐하고 살아? 솔이. 아프지는 않니"
"나 건강은 많이 좋아졌구 요즘은 수업 들으면서 유튜브하고 있어. 언니는 요즘 어딨어?"
"나 ㅁㅁㅁ"
"나랑 가까워졌네! 코로나 종식되면 따뜻할 때 들러도 돼?"
"웅 들러 좋아"
"알써"

그로부터 한 달 뒤, 보통의 날처럼 수업이 끝나고 도서관에 가

과제를 하고 있었다. 그때 주머니 속에 있던 휴대폰이 울렸다. 미술대학 사무실에서 온 전화였다. 전화를 받을 수 있는 부스는 내 자리에서 멀었고 거기까지 걸어가다간 전화가 끊어질 게 분명했다. 그래서 가까이 있는 화장실에 들어가 별생각 없이 전화를 받았다. 수화기 너머로 들리는 목소리는 덤덤했다.

"최이솔 학생 맞으시죠? ㅇㅇㅇ님 동생분이 학생 연락처를 알려달라고 하는데, 동의 없이 알려줄 수 없어서 연락 주신 분의 연락처를 받았어요. 급한 일이라는데 번호 알려드릴게요. 이 번호로 빨리 연락 달라고 하시네요."

언니의 이름. 그런데 언니가 아니라 동생이 연락을. 급한 일.

무언가 나쁜 일임을 직감했다. 나는 곧장 전달받은 연락처를 꾹꾹 입력했다. 핸드폰을 당장 떨어뜨릴 것처럼 손이 바들바들 떨렸다. 심장이 요동쳤고 온갖 가능성이 머리를 스쳤다. 그리고 통화가 연결됐다. 언니의 동생이 전화를 받고 바로 아버지에게 전화를 넘겼다.

"ㅇㅇ이가 세상을 떠났어요. 내일 아침에 발인인데 마지막 가는 길에 함께해주시면 ㅇㅇ이가 외롭지 않게 갈 수 있을 것 같아요."

통화를 끊고 그대로 주저앉아 울었다. 속절없이 흐르는 눈물을 제어할 수 없었다. 심장이 미어터지듯이 아팠고 속이 들끓었다. 그날 밤, 나는 한숨도 자지 못한 채 짐을 챙겼고 새벽 버스에 올라탔다. 장례식장에 도착해 언니의 가족들을 만났다. 무엇을 말해야 할지 몰랐다. 우리는 거의 말을 하지 않았지만 침묵 속에서 아픔을 나누었다. 그 안엔 언니에 대한 숱한 기억이 흘렀다. 그날 나는 언니가 잠든 곳까지 따라가 마지막 인사를 했다. 이후 몇 개월 동안 언니는 자주 내 꿈에 찾아왔다. 그렇게 우리는 서로를 다독이며, 서서히 안녕을 건넸다.

후회했다. 언니랑 마지막으로 나눈 대화를 습관처럼 곱씹었다.
'코로나고 뭐고 당장 만나자고 할걸.'
'언니가 못 지낸다고 했는데 이유를 더 깊게 물어볼걸.'
'힘든 일 있으면 언제든 얘기하라고 말할걸.'
'전화할걸.'

어떤 일은 시간이 지나도 도무지 추억이 되지 않는다. 내겐 언니의 일이 그랬다. 떠올릴 때마다 아프고, 눈물이 고였다. 그럼에도, 앞으로 나아가야 했다. 그래서 이 후회를 가만히 들여다보며 내가 바꿀 수 있는 미래를 생각했다.

그 후로 친구와의 약속을 미루지 않는다. 우리의 약속이 공허한 인사가 되지 않도록 보고 싶은 사람에게 먼저 연락해 약속을 잡는다. 누군가 힘들어 보이면 가볍게 넘기지 않고, 정말 괜찮은지, 속에 쌓아둔 이야기는 없는지 한 번 더 확인한다. 마음을 전하는 일에 망설이거나 아끼지 않기로 했다. 문득 떠오른 사람이 있으면 스쳐 보내지 않고 연락한다. 괜찮냐고, 잘 지내냐고, 보고 싶다고. 한 번의 안부가, 한 번의 전화가, 한 번의 만남이 얼마나 소중한 순간이 될 수 있는지를 이제는 안다.

후회는 예상치 못하게 찾아온다. 이미 지나가버린 선택 앞에서 마음 한편이 저릿해지는 순간. 그때는 최선이었다고 생각한 결정이 시간이 지나면 아쉬움으로 남기도 한다. 하지만 지금 선택할 수 있는 시간 속에서 바꿀 수 있는 건 다음 선택뿐이다. 과거를 되돌릴 순 없지만 나아갈 방향을 바꿀 순 있다.

더 늦기 전에
더 망설이기 전에
내가 바꿀 수 있는 것들을 바꾸기로 했다.

불안
나를 지키는 신호

내 인생에서 가장 불안했던 시기를 꼽자면, 대학교를 졸업한 직후부터 '오늘의집' 입사 전까지의 4개월이다. 당시 나는 바로 내 일을 시작하겠다는 당찬 포부를 가지고 취직 대신 독립을 선택했다. 유튜브 채널은 상승세를 타고 있었고 이와 관련해 다양한 기회들이 생겨나던 때였다. 수익은 불안정했지만 크게 돈이 나갈 일이 없었고, 뭐든 열심히 하면 잘 할 수 있을 거라고 생각했다.

하지만 미래의 수입을 예측할 수 없는 상황에서 혼자 모든 걸 짊어져야 하는 책임과 부담은 생각보다 더 무거웠다. 조회수가 올라도 수입은 불안정했고, 일이 들어오지 않으면 수입은 '0'이 됐다. 내 수입이 타인의 결정에 달려 있었다. 몇 달이 지나면 생계가 위협받을 수도 있다는 생각이 들었고, 매달 뭔가를 성과로 증명하지 않으면 바로 무너질 수 있다는 불안감이 커져갔다. 그 무렵 '내가 과연 이 길을 감당할 수 있을까?' 하는 불안이 급속도로 밀려들었다. 이때의 경험을 통해 깨달았다. 나는 불확실성이 너무 클 때, 그걸 버텨낼 체력이 아직 충분하지 않다는 걸. 설계되지 않은 자유는 곧 불안으로 변할 수 있다는 걸. 결국 졸업 후 4개월 만에 회사에 들어가기로 결심했다. 그러면서 불안을 통제 가능한 형태로 바꾸기 위해 내가 현실적으로 감당할 수 있는 '기준'을 만들었다.

첫 번째 기준은 자금이었다. 최소 1년 이상 버틸 수 있는 비용을 고려해 저축 계획을 세웠다. 구체적인 목표 금액을 정해두고, 그만큼을 모으기 전에는 퇴사하지 않기로 마음먹었다. 그 기준을 품고 매월 일정 비율 이상을 성실히 모았다. 통장에 돈이 쌓일 때마다 마음이 든든해졌다. 더 빨리 모으면 더 빨리 그만둘 수 있으니 모을 동기도 확실했다.

두 번째 기준은 수익 구조였다. 퇴사 후 고정적인 수입을 확보하기 위해 무엇을, 어떻게 수익화할지를 구체화했다. 하고 싶은 것들을 쭉 나열해보니 10개가 넘었고, 각각에 어떤 비즈니스 모델을 적용할 것인지 끈질기게 고민했다. 회사를 다니며 내가 하고 있던 일에서도 작게 실험하는 과정을 반복했다. 콘텐츠의 일부를 유료로 전환해보거나 구매 전환율을 분석해 개선하는 등 작게 실행할 수 있는 시도들을 꾸준히 이어갔다. 그렇게 수익화에 대한 자신감을 차곡차곡 쌓아갔다.

마지막으로 스스로에게 시간 제한을 두었다. 퇴사 후 특정 시점까지 내가 설정한 기준치에 도달하지 못하면, 다시 취업하겠다는 플랜 B를 세워두었다. 꿈만 좇는 게 아니라 나 자신에게 현실적인 책임을 지우는 방법이었다. 퇴사와 동시에 사라질 의무를 의도적으로 만들었다. 하고 싶은 일을 계속하려면 그 안에 어떻게든 성과를 내야 했다. 이 기준은 막연한 이상을 현실의 실행력으로 바꿔주는 중요한 장치였다.

나는 불안을 없애려 하지 않았다. 그건 애초에 불가능한 일이었다. 대신 불안을 직면하고, 작게 쪼개고, 내가 통제할 수 있는 구조로 바꾸려 노력했다. 돈, 수익 모델, 마감 기한. 이 세 가지 기준을 중심축 삼아 '예측 가능한 불확실성'을 설계하고자 했다. 그리고 마침내 오른손에는 사업 자금을, 왼손에는 그간 키워온 내 꿈에 대한 확신을 쥐고서 회사 밖으로 나왔다.

불안은 나를 현실로 이끄는 힘이었다. 만약 과거의 내가 불안하지 않았다면 회사에 들어갈 생각조차 하지 않았을 것이다. 수입이 없더라도 내 선택만을 믿으며 살아갈 수 있다고 착각했을지도 모른다. 근거 없는 낙관 속에서 현실적인 준비 없이 도전만 반복했을 수도 있다. 생계를 책임질 수 없는 상황에서도 '내 길을 가야 해'라는 명분만 붙잡고 고집을 부렸을지도 모른다. 그래서 이제는 불안이 올라오면 고맙다. 불안을 내가 놓칠 수 있는 위험을 알려주는 신호로 받아들인다. 막연한 두려움인지 아니면 대비해야 할 문제인지, 불안이 알려주는 방향을 지긋이 들여다본다.

우리는 '예상치 못한 일이 생기면 어떡하지?' 하는 불안 덕분에 비상금을 모은다. '건강이 나빠지면 어떡하지?' 하는 불안 덕분에 운동을 한다. '기술이 점점 발전하는데 나는 어떻게 살아남을 수 있을까?' 하는 불안 덕분에 새롭게 배운다. 그렇게 불안은 미래의 나를 지킨다.

무기력
다음 항해를 위한 정박

내가 경험한 무기력은 '스스로 할 수 있는 게 없다'고 느낄 때 생기는 감정이다. 통제할 수 없는 것에 짓눌릴 때, 특히 바꿀 수 없는 것에 집중할수록 무기력이 커졌다. 종종 바꿀 수 없는 게 바뀌면 어떨까 상상해본 적은 있다. 가령 집안이라든가 국적이라든가 유전자라든가. 하지만 이내 바꿀 수 없는 것들임을 인정하고 지금 내가 바꿀 수 있는 것에 집중해왔다. 그래서 종종 무기력해져도 그에 압도되진 않았다. 건강이 무너지기 전까진.

어느 날, 내게 찾아온 자가면역질환은 갑작스러운 난파와 같았다. 내 몸을 지켜야 할 면역체계가 내 몸을 적으로 착각하고 공격하는 병이라니. 넘실넘실 파도를 타던 배가 예상치 못한 폭풍우를 만나 부서져 버렸다. 방향을 조종하려 해도 키가 말을 듣지 않았다. 이전처럼 하루를 계획해도 무엇 하나 실행할 수 없었다. 통증이 가라앉을 때까지는 운동도 하면 안 된단다. 약을 먹었는데도 통증이 바로 잡히지 않았다. 주사를 맞았는데도 시간이 지나면 다시 아팠다. 내가 할 수 있는 건 누워서 천장을 멀뚱멀뚱 쳐다보고, 내일은 덜 아프길 간절히 바라는 일뿐이었다.

'건강을 잃으면 모든 걸 잃는다', '건강이 최고다'라는 어른들의 가르침이 뼛속까지 새겨졌다. 아무리 노력해도 내가 내 몸을 움직일 수 없을 때의 감각. 그건 단순한 슬럼프와는 전혀 다른 종류의 무력감이었다.

그럼에도 늘 그랬듯 이 안에서 해결책을 찾으려 했다. 언제까지 무력감을 핑계로 멈춰만 있을 순 없었다. 지금의 몸이 예전과 다르다면 새로운 몸에 맞춰 리듬을 만들어야 한다는 걸 받아들였다. 계획한 것들을 '빨리' 이뤄내려는 욕심을 접고, '지속 가능하게' 실천해나갈 수 있도록 생활 습관을 만들어갔다.

가장 먼저 바꾼 건 운동 루틴이었다. 예전에는 주 4회, 1시간 30분씩 고강도 운동을 하고, 그 수준을 지키지 못하면 스스로를 나무랐다. 하지만 더는 그렇게 할 수 없었다. 운동의 강도를 내 몸 상태에 따라 유연하게 조절해야 했다. 가볍게 걷는 것부터 시작해 집에서 할 수 있는 운동으로 워밍업을 했다. 체력이 괜찮은 날엔 땀이 날 정도로 움직였고, 몸이 무거운 날은 요가 매트에 누워 호흡만 고르기도 했다.

수면 루틴도 재조정했다. 과거엔 '아침형 인간이 되어야만 성공할 수 있다'는 믿음이 내 안에 뿌리 깊게 박혀 있었다. 새벽 기상이 하루를 효율적으로 사는 최선의 방법이라고 생각했다. 그래서 새벽 4시에 일어나는 '미라클 모닝' 루틴을 따라하기도 하고, 억지로 잠을 깨우기도 했다. 하지만 내 몸은 그 리듬을 받아들이지 못했다. 피로가 누적됐고 집중력도 떨어졌다. 그러면서 내게 맞는 효율적인 방법을 찾기 위해 고민하고 노력했다. 결국 나는 수면을 '관리의 대상'이 아니라 '회복의 조건'으로 보기로 했다. 무작정 일찍 일어나는 대신 최소한 7시간은 자야 한다는 기준을 만들었다. 그렇게 수면은 나를 통제하는 도구가 아니라 나를 돌보는 방식이 되었다.

지나고 보니 무기력한 시간은 그저 의미 없는 정체기가 아니었다. 내 삶의 방식을 바꾸는 기점이자, 어쩌면 더 건강하게 살아가기 위한 기회였다. 즉, 다음 항해를 위한 정박이었다. 다시 전속력으로 달리는 순간이 올 수도 있고, 물결을 살피며 조심스레 움직이는 시간이 길어질 수도 있다. 어찌 됐든 괜찮다. 정박 후 시작될 새로운 항해는, 계속될 테니까.

두려움
바람이 감춰진 베일

중학교 1학년 때부터 18년째 우정을 쌓아온 친구가 있다. 지금으로부터 8년 전, 친구가 고시를 준비하던 시기였다. 친구는 종종 고시촌에 자취하던 나를 불러냈고 우리는 카페에서 만나 같이 공부하거나 회포를 풀었다.

어느 날, 집 앞 카페에서 마주 앉아 옛날이야기를 하다가 둘만 아는 기억들을 줄줄이 꺼내며 키드득거렸다.

"그때 기억나? 우리 하교하면서 문구점 앞에 네 어머니 계신 거 보고 건물 사이로 질주해서 벽에 뚫린 구멍 사이로 뛰어내렸잖아. 액션 영화 찍는 줄 알았어."

"그러니까. 잘못한 것도 없는데 왜 도망갔을까? 참, 요상한 시절이었어."

한참을 웃고 떠들다가 문득 그런 생각이 들었다. 내 삶의 일부를 함께 추억하는 친구가 있다는 게 얼마나 감사한지. 친구에게 고마웠다. 그런데 그 마음은 몽실몽실 피어오르더니 순식간에 먹구름처럼 변해버렸다. 그 자리에서 나는 언젠가 친구가 부재할 상황까지 떠올리고 말았다. 상상하고 싶지 않은 순간에 대한 두려움이 엄습했고 이윽고 눈물이 터졌다. 내가 느닷없이 울자 친구는 놀란 눈으로 나를 쳐다봤다. 나도 그 상황이 황당해서 슬프면서도 어처구니없었다.

"나 그냥… 불현듯 그런 생각이 드는 거야."

친구는 내가 다음 말을 꺼내기까지 차분하게 기다려줬다.

"너랑 이렇게 옛날 얘기하는 게 너무 소중해. 우리만 아는 기억을 나눌 수 있는 게."

나는 울음을 참고 연하게 웃다가, 다시 말을 이었다.

"근데 돌연 만약에 네가 없으면… 이 기억을 함께 추억할 사람이 없는 거잖아. 그러니까, 너는… 나보다 오래 살았으면 좋겠어."

친구는 어이없다는 듯 웃더니, 장난스럽게 말했다.

"뭐야, 갑자기 왜 그런 말을 해. 근데 너도 오래 살아야지. 난 네가 나보다 오래 살면 좋겠어. 너 없는 세상은 생각하기도 싫어."

나는 웃었다. 그러다 고개를 들어 친구의 눈을 보니, 나만 운 게 아니었다. 친구의 커다란 눈에 맺힌 눈물이 볼을 타고 흐르고 있었다.

"야, 너 왜 울어."

"네가 먼저 울었잖아."

우리는 서로를 보면서 동시에 벙글거렸다. 계속 눈물이 나왔지만 그 순간 또한 우리의 추억이 되었다.

나는 친구가 사라지는 게 두려웠다. 그 두려움을 느낀 순간, 내가 친구와의 시간을 소중히 여기고 간절히 바라고 있다는 걸 깨달았다. 두려움은 단순한 공포가 아니었다. 마치 바람이 가려진 베일을 서눠내듯 그 안에는 진정한 소망이 숨어 있었다. 친구와 더 많은 순간을 함께하고 싶은 마음. 두려움이 없었다면 이 소망이 이토록 뚜렷이 드러나진 않았을 것이다.

한때 두려움을 피해야 하는 감정이라고만 생각했다. 하지만 두려움을 뒤집어 보니 내가 진짜 원하는 것이 숨어 있었다. 두려움은 나의 바람을 고이 품고 있었다.

슬픔
인생이 귀한 이유

3년이 넘는 기간 동안 연애를 하고 갑작스레 이별한 적이 있다. 일주일 전만 해도 함께하는 미래를 그렸는데 일주일 만에 이별을 맞이했다. 서로 울면서 작별과 안녕을 고했다. 지하철을 타고 돌아오는 길에 사진첩에 들어가 그가 담긴 모든 사진을 숨겼다. 미래의 나를 위한 일이었다. 울음을 그친 내가 사진첩을 열었을 때 다시 울지 않도록. 덜 아프려는 몸부림이었달까. 하지만 과감한 손짓과 다르게 하염없이 흐르는 눈물은 마스크 안에 고여 마를 틈조차 없었다.

이전에도 연애의 끝에 아파한 적이 있지만 결국 또다시 새로운 사랑을 만났던 것처럼, 이번에도 시간이 지나면 괜찮아질 거야. 자꾸만 슬퍼지는 마음을 달래고 달랬다. 그런데 그날부터 시계가 거꾸로 돌아가기 시작했다. 3년 동안 한 번도 싸우지 않았던 터라 납득이 가지 않았다. 차라리 이유가 명확하면 이해할 텐데 이유를 모르겠어 과거를 반추해 돌아갔다. 나는 시계 안에 갇혀 온 힘을 다해 시간을 반대로 돌렸고 그럴수록 슬픔은 짙어져만 갔다.

이별한 지 한 달쯤 지났을 때 친한 언니의 집에 초대됐다. 이별 후유증으로 힘들어하던 나를 위한 환대였다. 언니는 8킬로그램이 빠진 내게 먹일 음식을 준비하고 같이 걷고 오랜 시간 동안 얘기를 들어주었다. 언니의 곁에서 끊임없이 울었다. 자꾸 눈물이 나왔다. 안 울려고 노력해도 울음이 쏟아졌다. 언니는 그런 나를 그저 바라보고 토닥여주었다. 그렇게 한참 대화를 나누다가 언니가 툭 던진 어떤 말에 갑자기 웃음이 터져 나왔다. 어이가 없었다. 이렇게 슬픈 상황에서 이토록 쉽게 웃음이 나오다니. 내가 웃자 언니도 함께 웃었다. 그리고 이렇게 말했다.

"그래, 실컷 웃자. 웃어야 또 힘내서 울지. 울고 싶을 땐 마음껏 울어. 슬픔이 있으니까 인생이 귀한 거야."

슬픔이 있어 인생이 귀하다는 언니의 말. 집에 돌아와 그 말을 다시 새겨보았다.

세상에 다양한 슬픔이 있지만, 크나큰 슬픔은 주로 상실을 경험했을 때 일어난다. 사랑하는 존재를 잃었을 때, 반려동물이 무지개 다리를 건넜을 때, 애정을 쏟은 것과 멀어질 때, 이 순간이 영원하지 않다는 걸 깨달을 때. 그럼 언니의 말은 상실이 있어 인생이 귀하다는 말로 바꿀 수 있을까. 만약 상실이 없다면 인생이 소중하지 않게 될까. 질문이 꼬리에 꼬리를 물었다. 그리고 '그렇다'는 결론을 냈다.

우리 집엔 2010년 말부터 함께 산 반려묘가 있다. 이름은 다이아다. 2개월쯤 된 다이아를 처음 만났을 때 푸르게 빛나는 눈동자가 마치 다이아몬드 같다며 지어준 이름이다. 집괭이의 평균 수명은 15년이다. 다이아는 어느새 언제 고양이별로 떠나도 이상하지 않을 나이가 되었다. 다이아의 총명한 눈을 볼 때면 자주 슬퍼지곤 한다. 하지만 그래서 다이아를 품에 안고, 다이아에게 먹이를 주고, 다이아와 노는 그 모든 시간이 소중하고 애틋하다.

존재는 유한하다. 많은 것이 변하는 세상에서 변하지 않는 진리는 '우리는 언젠가 죽는다'는 사실이다. 언젠가 사라질 것을 알기에 함께하는 시간을 더 소중히 여길 수 있는 것 아닐까. 우리에게 나중은 있을지 없을지 모르는 시간이다. 불현듯 이별과 죽음에 대한 슬픔이 찾아올 때면, 그 감정에 매몰되기보다 함께하는 이들의 소중함을 한 번 더 떠올려보자.

분노
지키고 싶은 가치를 마주할 때

나는 "함께 있으면 편안하다"라는 칭찬을 자주 듣는다. 수면 유도에 최적화된 중저음의 목소리, 두부처럼 순한 생김새, 온화한 표정, 조곤조곤한 화법, 급하게 몰아가지 않는 태도 같은 것들이 종합돼 나의 이미지를 만들었을 것이다. 내가 봐도 차분한 기운이 있다. 좋게 말하면 편안하고, 안 좋게 말하면 심심한.

하지만 알고 보면 나는 분노가 많은 사람이다. 다만 분노를 날 것 그대로 내보이지 않을 뿐이다. 분노와 불편함을 정제된 형태로 다듬어 말과 글, 영상, 그리고 사업에 녹여낸다. 그러다 보니 분노는 다양하게 내 일의 원동력이 되어왔다. 어디 한번, 분노를 일으키는 목록을 적어볼까나.

- "이게 정답이야"라고 강제하는 사회적 분위기
- "절대", "반드시", "무조건"을 내세워 이래라 저래라 하는 것
- 사회가 정한 길에서 벗어나면 낙오자로 여기는 태도
- 남의 실수에 관대하지 못한 사회
- 일반화
- 자기의 기준으로 타인의 실패를 판단할 때
- 성장 과정에서 아이의 선택권을 존중하지 않는 문화

이런 분노들을 잠잠히 살펴 묶으면 내가 '개인을 존중하지 않는 사회'에 분노함을 알 수 있다. 우린 모두 다르게 태어났다. 외모도, 성격도, 재능도, 배경도, 체질도, 인종도, 환경도, 국적도. 81억 명이 있다면 81억 개의 삶이 있는 것이다. 이러한 사실을 사람들은 자주 잊고 산다.

분노라는 감정은 그저 일시적이거나 단편적인 불쾌감이 아니다. 내가 지키고 싶은 가치가 존재한다는 증거다. 그리고 나에게는 그 가치가 개개인이 지닌 고유함이다. 나는 사람들의 다양한 개성이 소외되고 차별받는 현실에 답답함을 느낀다.

그래서 나는 콘텐츠를 제작할 때 정답을 강요하지 않는다. 대신 질문을 던지고, 함께 고민하며, 각자가 자기만의 해답을 찾도록 도우려 한다. 사람들이 나다움을 잃지 않고 살아갈 수 있도록 돕는 일. 각자의 리듬과 결이 존중받는 시스템을 설계하는 일. 그게 바로 내 분노가 흘러 가리킨 방향이다.

분노는 우리에게 방향성에 대한 힌트를 준다. 그 감정에 돋보기를 들이대면 내가 원하는 세상을, 바꾸고 싶은 것을, 지키고 싶은 가치를 또렷하게 마주할 수 있다.

질투
바라는 나를 비추는 거울

'○○○을 이기자'

부끄러운 고백을 하나 하자면, 고등학생 때 내 방 벽에는 친구의 이름이 적혀 있었다. 누군가의 이름을 벽에 쓰다니. 지금 생각하면 조금 섬뜩하기도 하다. 예고를 다니던 나는 한 친구에게 들끓는 질투심을 느꼈다. 부모님의 전폭적인 지원이 가능한 든든한 집안, 다양한 전시회 출품 이력, 하나의 선으로 정확한 형태를 표현해내는 감각… 내가 가지지 못한 것들을 가지고 있는 친구가 부러웠다. 친구를 볼 때마다 질투심이 이글거렸다.

그런데 곰곰이 생각하니 질투심이 이 친구에게만 발현되는 게 이상했다. 세상에는 나보다 잘난 사람이 많은데 왜 유독 이 친구를 질투하는 걸까? 왜 이 친구만 부러운 걸까? 연달아 질문을 던지며 질투심이 한정적으로 발현된다는 걸 알아차렸다. 정확히는 '내가 갖고 싶은 걸' 갖고 있는 사람, '내가 잘하고 싶은 걸' 잘하는 사람을 질투했다. 내 관심사가 아니거나 내가 하고 싶은 것 밖의 일을 잘하는 사람에게는 질투심이 생기지 않았다. 그 차이는 내 욕망 안에서 비롯되었다.

질투는 마치 거울처럼 내가 바라는 모습을 비춘다. 어떤 사람에게 질투를 느낀다면, 그 사람이 가진 것이 곧 내가 원하는 것일 가능성이 크다. 디지털로 시간을 관리하는 걸 좋아하는 사람이 아날로그 기록을 즐기는 사람을 질투할 일은 거의 없다. 운동에 전혀 관심이 없는 사람이 마라톤 완주자를 보고 부러움을 느낄 확률도 낮다. 하지만 그림을 잘 그리고 싶은 사람이 능숙한 화가를 보면, 언젠가 자신의 이름으로 책을 내고 싶은 사람이 글을 잘 쓰는 사람을 보면, 질투가 피어오를 수 있다.

나는 10대 때 특히 승부욕이 강한 편이었다. 질투심은 승부욕에 불을 지폈고, 때로는 나를 채찍질하는 강력한 감정이었다. 그런데 막상 성인이 되고 나서는 이상하리만큼 질투심이 희미해졌다. 주변에 예전보다 더 잘난 사람들이 많아졌음에도 불구하고 말이다. 내 옆에는 대단한 친구들이 많았지만 그들이 부럽다기보다는 응원하는 마음이 더 컸다. 특히 가까운 친구일수록 질투심이 전혀 들지 않았다. 이유가 궁금했다. 그토록 되직했던 질투는 어디로 사라진 걸까? 크게 세 가지 이유가 생각났다.

첫째, 10대 때보다 삶의 방향이 다양해졌다. 10대 때는 20대 때와 비교했을 때 같은 방향으로 달리는 학생들이 많다. 대체로 '수능'이라는 동일한 시험을 봐야 하고 그 시험의 대부분은 상대평가로 진행된다. 그러니 옆에 있는 친구와 나를 비교하기 쉬운 환경이 조성된다. 반면 성인이 된 이후엔 다양한 선택지가 놓인다. 일단 할 수 있는 아르바이트의 종류도 수백 가지다. 전공도 제각각이다. 다 다른 수업을 듣는다. 회사에서의 직무도, 일하는 방식도, 커리어 패스도 저마다 다르다. 비교하려 해도 같은 기준을 적용할 수 없는 순간이 많아지고 결국엔 자기만의 방향과 기준을 물색하게 된다.

둘째, 가까울수록 상대를 입체적으로 알게 된다. 거리를 두고 볼 때는 단면만 보인다. SNS에 올라온 성취, 화려한 스펙, 눈부신 결과물만 접하면 '와, 저 사람 정말 대단하다. 나는 저렇게 못하는데'라며 부러움이 일 수밖에 없다. 하지만 가까워질수록 보이는 것들이 넓고 깊어진다. 그 사람이 잘 되기까지 얼마나 노력했는지, 어떤 시행착오를 겪었는지, 성공 뒤에 어떤 고민과 불안, 결핍이 감춰져 있는지 알게 된다. 빛나기 위해 얼마나 애쓰고 있는지도. 그 모든 걸 아는 순간 질투는 이해로 변한다. 그들의 멋진 부분만이 아니라 고민과 슬럼프까지 함께 봤기에 질투 대신 인정과 존중, 애정이 자연스레 자리 잡는다.

셋째, 내 삶에 집중하면서 비교가 줄어들었다. 질투는 비교에서 나온다. 하지만 정작 내 삶이 바빠지고, 나만의 목표와 루틴이 확고해지면서 남을 신경 쓸 여력이 줄어들었다. 내가 성장하는 데 필요한 것들을 고민하고, 새로운 걸 시도하고, 나만의 길을 만들어가는 데 에너지를 쓰다 보니 점점 비교하는 시간이 줄어든다.

비교와 질투는 닮았지만 다르다. 비교는 관찰과 평가에 가깝고, 질투는 바람과 열망이 담긴 감정이다. 비교는 때로 자극이 되기도 한다. 그래서 내 안에 비교하는 마음이 일 때면, 그것이 나에게 힘이 되는 '귀여운 비교'인지 나를 깎아내리는 '해로운 비교'인지를 구별하려 노력한다. 반면 질투는 좀 더 본질적인 감정이다. 단순히 '저 사람은 나보다 낫다'는 판단이 아니라 '나도 저렇게 되고 싶다'는 갈망이 밑바탕에 깔려 있다. 그래서 질투는 쓰라리지만, 내가 원하는 모습이 무엇인지 알려준다.

조화로운 한 주를 위한 셀프 점검표

계획 위에서 뛰놀다
여백의 필요

나는 오랫동안 '계획'을 삶을 통제하는 도구로 여겼다. 하루를 분 단위로 쪼개 할 일을 채우고 계획에서 조금만 벗어나도 초조해졌다. 특히 학창 시절에는 계획을 지키는 걸 곧 나에 대한 예의라고 여겼다. 그러니 조금만 계획이 잘못돼도 나를 엄격히 다그쳤다.

그런데 건강이 무너지자 이전의 방식이 통하지 않았다. 몸이 말을 듣지 않으니 계획은 무용지물이었다. 그러다 차츰 건강을 회복한 다음, 다시 계획표를 집어 들었다. 일단 확실한 건 이전과 같이 살 수는 없다는 거였다. 그렇다고 계획 없이 살고 싶지는 않았다. 여전히 하고 싶은 건 많았고 시간은 한정적이니까.

그럼 어떤 계획을 세워야 할까. 계획의 본질에 대해 고민하기 시작했다. 그러면서 나를 조이는 게 아닌 더 좋은 방향으로 나아갈 수 있도록 돕는 계획을 세워보자고 다짐했다. 이후로는, 계획 위에서 뛰놀 수 있는 여백을 넣었다. 계획을 세우되 계획이 변할 수 있음을 인지하고 인정했다. 이 변화만으로도 마음이 한결 편해졌다. 계획은 방향을 설정해주는 길잡이 역할을 한다. 이제 나는 계획을 세울 때도 아래의 체크리스트를 참고하며 여유를 남겨두고, 상황에 따라 유연하게 조정하고 변형할 수 있도록 열어둔다.

체크리스트

☐ **하루를 촘촘한 시간 단위가 아니라 '블록(오전/오후/저녁)' 단위로 나눴는가?**

예전엔 '9-10시 글쓰기 / 10-11시 회의 준비 / 18-19시 저녁 식사' 이런 식으로 시간 단위의 계획을 세웠다. 지금도 이렇게 루틴을 짤 때가 있지만, 심리적 여유를 만들고 싶을 때는 '아침: 모닝 루틴 / 오전: 집중 업무 / 오후: 미팅과 커뮤니케이션 / 저녁: 가벼운 업무 정리'처럼 블록 단위로 시간을 나눈다. 그럼 그 안에서 세부 과업을 유연하게 조정할 수 있다.

☐ 업무 분배를 오늘 꼭 끝내야 하는 '핵심 업무(Task A)'와 시간이 남으면 해도 좋은 '보조 업무(Task B)'로 나눠 정리했는가?

나는 아침마다 해야 하는 일을 확인할 때 '오늘은 이거 하나만 해도 괜찮아'라고 생각하는 핵심 업무를 고른다. 예를 들어, 오늘 '퇴고'가 핵심 업무라면 메일 답장, 노션 정리, 리서치 같은 일들은 보조 업무로 분류한다. 그렇게 핵심 업무만 완료해도 충분하다는 기준을 세우면 무리하게 일정을 채우지 않게 된다.

☐ 하루 일정의 80퍼센트만 채우고, 20퍼센트는 버퍼로 남겼는가?

하루에 할 수 있는 일을 100퍼센트 채우면 예상치 못한 일이 생겼을 때 무너지기 쉽다. 그래서 일정의 20퍼센트는 '버퍼'로 비워둔다. 80퍼센트의 일이 밀리면 버퍼 시간에 하면 되고, 20퍼센트의 버퍼 시간이 남으면 산책을 하거나 쌓여 있던 메모를 정리하거나 멍을 때릴 수도 있다. 버퍼는 일을 더 하기 위한 시간이 아니라 유동성 확보를 위한 여백이다.

☐ 하루가 끝난 후, 오늘의 계획을 점검하고 내일의 계획을 재검토할 시간을 가졌는가?

자기 전, 10분 정도 오늘의 일정과 결과를 되짚는다. 스스로 칭찬할 부분은 칭찬하고 반성할 부분은 반성하며, 다음 날 계획을 조정하기도 한다. 그렇게 하면 내일을 덜 조급하게 시작할 수 있다.

☐ 계획을 수정하는 것을 실패가 아니라 '조정'으로 보고 있는가?

과거엔 계획을 어기면 스스로에게 실망하고 '오늘도 실패했어'라는 감정에 빠졌다. 하지만 지금은 그렇게 느낄 때마다 "계획은 지도고, 나는 부단히 항해 중이야"라고 말한다. 날씨가 달라지면 경로를 바꾸는 것처럼 일정도 얼마든지 바뀔 수 있다.

살다 보면 세워둔 계획이 무색할 만큼 바쁜 시기가 오기도 하고, 반대로 삶의 리듬을 정비하고 싶은 시기도 찾아온다. 계획표나 체크리스트는 그런 흐름 속에서 필요할 때 꺼내 쓰면 된다. 이 도구들을 나에게 맞춰 활용하다 보면, 계획과 여백 사이의 균형감각이 조금씩 길러진다. 그러니 계획을 활용하되 계획에 얽매이지는 말자. 계획 위에서 자유롭게 뛰놀고, 변화를 받아들이고, 유연하게 조정할 때, 우리는 더 멀리 나아갈 수 있다. 계획을 지키는 과정에서 '나는 할 수 있다'라는 자기 효능감과 성취감이 든다. 그리고 이는 근거 있는 자신감으로 연결된다.

트리 아래의 선물처럼

크리스마스 아침, 트리 아래에 놓여 있는 선물을 발견하는 순간을 떠올려보자. 누군가가 미리 준비해둔 선물을 뜯을 때의 설렘.

이런 설렘을 매주 느낄 수 있다면 어떨까?

몇 년 전, '책을 한 권 읽으면 새 책을 한 권 사자'는 규칙을 만든 적이 있다. 독서를 꾸준히 하기 위해 스스로 설정한 작은 보상이었다. 덕분에 재밌게 독서를 이어갈 수 있었고 나중에는 보상이 없어도 자연스럽게 책을 찾았다. 일과로 가득 찬 일주일 속에서도 이러한 순간이 있으면 설레는 나날을 보낼 수 있다. 그래서 요즘도 갖고 싶은 게 있으면 조건을 걸고 의도적으로 기대감을 만든다.

- 한 주 동안 목표를 달성하면, 보고 싶었던 영화 한 편 보기
- 해야 할 일을 마치면, 좋아하는 카페에서 차 한 잔 마시기
- 바쁜 일주일이 끝나면, 한적한 공원에서 산책하기
- 원하던 목표를 이루면, 스스로에게 꽃 선물하기

미래의 나를 위한 선물은 거창할 필요가 없다. 중요한 것은 '기다릴 만한 것'을 만드는 것이다. 우리는 종종 목표를 향해 달려가느라 오늘의 설렘을 잊고 산다. 그 과정에서 나를 위한 작은 기쁨을 놓치면 일상이 무미건조하게 느껴질 수 있다. 이때 미래의 나를 위한 선물을 남겨둔다면 그 하루는 조금 더 특별해진다. 한 주 동안 내가 노력한 것에 대한 보상, 힘든 하루를 버틴 나를 위한 작은 위로, 일상 속에서 발견하는 소소한 기쁨. 이 모든 것이 결국

삶을 지속할 힘이 된다. 체크리스트를 확인해 나만을 위한 선물을 준비해보자.

―――― 체크리스트 ――――

□ 이번 주를 잘 보낸 나를 위해 작은 보상을 정했는가?
예를 들어, 마감을 잘 끝내면 주말에 반신욕을 하면서 좋아하는 음악을 듣는 시간을 선물한다. 구체적인 보상일수록 더 설렌다.

□ 내가 얼마나 원하는 보상인가?
그냥 '카페 가기'보다 '가보고 싶었던 신상 카페에서 여유롭게 시간 보내기'처럼 나에게 진짜 설렘과 만족을 주는 활동을 고르면, 일주일 내내 기대하게 된다.

□ 선물을 받을 날짜를 특정했는가?
'언젠가'가 아니라 '금요일 퇴근 후 6시'와 같이 명확히 정해두면, 마치 콘서트 티켓을 예매한 것처럼 기다릴 재미가 생긴다.

□ 보상을 누리는 순간, 나를 칭찬할 준비가 되었는가?
나에게 선물을 줄 때 "이 정도로는 부족하지 않아?"가 아니라 "이번 주도 참 잘했어"라고 말해준다.

이렇게 매주 나를 위한 작은 선물을 마련하면 목표를 이루는 과정 자체가 더 재밌어진다. 미래의 나에게 줄 선물을 정하는 일은 나를 돌보는 방식과도 맞닿아 있다. 매일을 설레고 기대할 수 있게 만들어주는 것이다.

관계를 빚는 시간

나는 좁고 깊은 관계를 선호한다. 단체 모임이나 대규모 네트워킹 자리에 가면 금방 에너지가 소진된다. 그래서 한 사람과 1:1로 만나 대화를 나누며 오랜 시간 추억과 신뢰를 쌓는 걸 좋아한다. 그러다 보니 관계를 그릇과 비슷하게 보기도 한다. 어떤 그릇이든 처음부터 완성된 형태로 존재하는 법은 없다. 점토를 반죽하고, 형태를 만들고, 가마에서 굽는 과정을 거쳐야 단단한 그릇이 된다. 누군가와의 관계도 마찬가지다. 함께하는 시간 동안 집중해서 조물조물 정성을 기울여야 단단해진다. 이런 내 가치관은 과거 일기에서도 잘 드러나 있다.

2016년 2월 25일
바쁜 건 좋아! 나를 위해, 세상을 위해 열심히 사는 거니까.
근데 바쁜 게 겉으로 보이진 않게 하자. 바쁘다고 징징대는 순간과 그 순간 함께 있는 사람에게 소홀히 한다든가… 하는 불미스러운 일은 생기지 않도록 노력하자. 바쁜 사람으로 기억될 것인가, 아니면 에너지 가득한, 활동적이고 좋은 자극을 주는 사람으로 기억될 것인가는 순간순간을 대하는 나의 태도에 따라 결정된다.

나는 일이 바쁘다고 관계에 소홀한 내 모습을 그닥 좋아하지 않았다. 그러면서도 바쁘게 살다 보면 인간관계를 지키는 일이 미뤄지고는 했다. 그럴 때마다 '소중한 사람들과의 시간을 내가 흘려보내고 있는 건 아닐까?'라는 생각이 들었다. 그래서 어느 순간부터 관계를 위한 틈새로 시간과 마음의 여유를 의식적으로 만들었다. 그렇게 나의 일주일에는 또 하나의 체크리스트가 들어왔다.

체크리스트

□ **가족, 선생님, 친구에게 안부를 물었는가?**

"잘 지내고 있어?", "요즘 어떻게 지내?" 단 한 줄의 메시지만으로도 마음이 이어진다. 나는 이틀마다 한 명에게 안부를 묻는 루틴을 만든 적이 있다. 비록 짧은 인사여도 관계를 지속하는 데는 큰 힘이 된다.

□ **이번 주에는 소중한 사람과 어떤 시간을 보낼 것인가?**
바쁘더라도 가능하다면 최소 주 1회는 만남을 갖는다. 꼭 밥을 먹는 게 아니어도 좋다. 산책하면서, 전화하면서 소소하게 안부를 나눌 수도 있다. 중요한 건 소중한 사람과 연결되는 시간을 직접 만드는 것이다.

□ **함께 보내는 시간에 온전히 집중하였는가?**
친구를 만나면 핸드폰을 가방에 넣고, 대화하는 중간에 확인하지 않는다. 바쁜 날일수록 짧게 만나더라도 깊게 집중하며 관계의 밀도를 높인다. 시간보다는 태도가 중요하다. 서로에게 집중하는 시간이 쌓여 신뢰가 되고, 그 신뢰가 깊어져 단단한 관계로 이어진다.

결국 우리를 지탱하는 것도, 삶을 따뜻하게 만드는 것도 사람과의 연결이다. 나는 소중한 사람들에게 시간을 내는 일을 우연에 맡기지 않기로 했다. 아무리 일정이 빡빡해도 그 틈에 사랑하는 사람들과의 시간이 흐르게 하는 것. 그게 곧 우리 삶에 온기를 채우고, 관계라는 그릇을 정성껏 빚는 일이다.

쉼이 머무는 자리

아프기 전의 나는 쉼을 '남는 시간에 하는 것'쯤으로 여겼다. 해야 하는 일을 먼저 끝내야만 마음 놓고 쉴 수 있다고 생각했다. 하지만 할 일은 늘 새로 생기고 계획에 없던 변수들도 계속 등장했다. 그래서 매일 "조금만 더 하고 쉬자"는 말을 되뇌며 휴식을 미뤘다. 그렇게 해온 일들은 두루두루 성과를 남겼지만, 몸이 점점 망가졌다.

병으로 인해 강제로 쉴 수밖에 없던 시간, 나는 비로소 쉼에 대해 제대로 생각하게 되었다. 침대에 누워 움직일 수 없던 어느 날, '쉬지 않고 살면 단명할 수도 있겠구나'라는 생각이 스쳤다. 그전엔 쉬는 게 죄인 줄 알았다. 그런데 그 순간 처음으로 쉼이 생존과 연결되어 있다는 걸 체감했다.

쉼이 중요하다는 걸 머리가 아닌 몸으로 깨달았지만 막상 '어떻게 쉬어야 하는가'는 또 다른 질문이었다. 그래서 조금씩 실험해봤다. 이전에는 쉴 때도 의미 있는 활동을 해야 한다고 여겼다. 책을 읽거나 정리하거나 자기계발을 하거나. 하지만 점차 그런 강박에서 벗어나려고 노력했다. 주말 중 하루는 완전히 비워두고 좋아하는 친구를 만나 느닷없이 걷거나 음악을 틀고 멍하니 창밖을 바라보곤 했다. 집중이 되지 않을 때도 억지로 붙잡지 않고 30분 정도 눈을 감고 가만히 누워 있기도 한다.

이제 나는 쉼을 회피나 게으름으로 보지 않는다. 도리어 쉼은 계속 나아가기 위한 중간 정비소였음을 깨달았다. 쉬는 법을 배우고 나니 일상도 한결 부드러워지고 지속 가능해졌다. 내가 건강해야 오래 일하고 사랑할 수 있으니까. 쉼은 삶을 방해하는 게 아니라 삶을 지탱하는 방식이라는 걸 매일 새롭게 배워간다.

그렇다면 '나를 회복시키는 쉼'은 어떻게 만들 수 있을까? 온전히 쉬기 위해 나 스스로에게 질문하는 체크리스트는 다음과 같다.

체크리스트

☐ **쉼을 '남는 시간'에 하지 않고, '일정 속 중요한 요소'로 포함했는가?**

해야 할 일을 다 끝낸 뒤에 쉬려고 하면 밀리기 십상이다. 쉼을 일정 안에 먼저 넣어두는 습관이 필요하다.

☐ **나를 회복시키는 활동은 무엇인가?**

쉼에도 성향이 있다. 나는 어떤 활동을 할 때 가장 마음이 놓이고 에너지가 채워지는지 관찰해보자.

☐ **쉼의 형태를 다양하게 탐색하고 있는가?**

독서, 산책, 수다, 멍 때리기, 드라마 몰아보기, 낯선 곳 산책 등. 쉼도 다양한 방식의 쉼을 시도해봐야 나에게 맞는 쉼을 알 수 있다.

내 몸과 마음이 진짜로 충전되는 경험을 하는 게 중요하다. 소파에 누워 SNS를 스크롤하거나 마지못해 쉬는 게 아니라, 나에게 맞는 방식으로 쉼이 머무는 자리를 만들어보자. 막연한 미래를 위해 이번 주를 참고 견디고 희생하는 게 아니라, 이번 주 자체가 충만하고 만족스러울 수 있도록. 우리의 삶은 언젠가를 위한 준비가 아니라, 지금을 살아내는 것이니까.

1

정신력이
몸을
이길 수
있다고
믿었다

2

자기이해

3

하루

4

일주일

Monthly

한 달을 그리는 기술
작게 설계하고 크게 나아가기

5

6

1년

흘려보낸 한 달에서, 살아낸 한 달로

회사에 다니던 시절 내 시간은 촘촘하게 돌아갔다. 실시간으로 성과가 측정되는 환경 속에서 한 달은 순식간에 지나갔고, 어느새 월말 회고를 준비하는 일상이 반복됐다. 스타트업에서는 빠르게 성장하는 조직의 속도를 빠듯하게 따라가야 했다. 그래서 에너지 대부분을 회사에 쏟아 부었다. 그렇다고 회사 밖에서의 활동—강연, 창작, 집필, 사업 등—을 포기할 수도 없었다. 낮에는 직장인으로, 밤에는 내 일을 하며 정신없이 달리다 보면 새로운 달이 성큼 다가왔다.

수면 시간을 지키려 애썼지만 한 달에 한두 번은 밤을 샜다. 회사 일도 내 일도 전력을 다해 병행하다 보니 결국 체력이 바닥났다. 어느 날, 출근길에 버스 창밖을 비몽사몽인 상태로 멍하니 바라보다 속에서 경고등이 켜졌다. '이러다 또 탈 나겠다'는 직감이 들었다. 또다시 삶을 놓칠 수 있겠다는 위기감은, 지속 가능한 방법을 모색해야 한다는 생각으로 이어졌다.

그때부터 작은 실험을 시작했다. 매월 목표 트리를 그리며 내

지향점을 되짚었고, 스스로에게 온전하게 휴식하는 날도 허락했다. 하루에 모든 걸 몰아넣기보다는 한 달의 호흡으로 템포를 조절하며 오랫동안 나아갈 힘을 얻었다. 그렇게 나는 한 달 안에서도 나다운 리듬을 찾아갔다. 그러자 일주일처럼 스쳐가던 한 달이 비로소 제대로 된 한 달로 자리를 잡았다. 30일, 720여 시간. 하루보다 넉넉하고, 일주일보다 풍성한 시간. 나는 이 시간을 내 리듬대로 채워갔다.

한 달의 리듬은 삶의 방향과 에너지를 점검하는 시간이다. 바쁜 일상에 치이다 보면 '해야 할 일'에 묻혀 '내가 진짜 원하는 것'을 놓치곤 한다. 그래서 매달 나는 시간을 내어 어떤 삶을 살고 싶은지, 그 삶에 다가가기 위해 무엇을 하고 있는지 스스로에게 묻는다.

5장에서는 '목표 드리', '도진', '재충전'이라는 세 가시를 주제로 한 달을 그려보려고 한다. 각 요소를 내 리듬에 맞게 녹여내며 나만의 한 달을 빚는다. 이 여정이 독자분들에게도 바라는 삶과 지금의 일상을 가깝게 이어주는 이음새가 되었으면 한다.

목표 트리 구조화 연습

목표 트리란?

목표 트리란 삼각형 모양의 마인드맵을 활용해 목표 간의 위계를 설정하는 활동이다. 이를 통해 자신이 진정으로 원하는 비전을 발견하고, 그 비전을 실현하기 위한 구체적인 습관을 설계할 수 있다. 펜실베이니아대학교의 심리학과 교수인 앤절라 더크워스는 자신의 저서 『그릿』에서 "목표를 위계화하는 것"이 중요하다고 말하며, 하위 목표들이 최상위 목표와 연결될 때 진정한 추진력이 생긴다고 강조한다. 이어 워런 버핏이 자신의 전용기 조종사에게 "가장 중요한 목표 다섯 가지를 선택하라"고 조언한 일화 역시, 목표를 좁히고 집중하는 방식의 중요성을 말한다. 목표 트리는 이 두 아이디어에서 영감을 받아, '왜'라는 질문으로 목표의 상위 목적을 탐색하고, '어떻게'라는 질문으로 실질적인 실행 방안을 도출하는 형식으로 구성된다.*

목표 트리를 활용하면, 방향을 제시하는 '비전'과 매일의 걸음이 되는 '습관' 사이의 연결을 시각화할 수 있다. 목표 트리의 꼭대기에는 비전을 놓고, 그 아래에는 중간 목표와 하위 목표를 가지처럼 뻗어 나가게 한다. 그렇게 나만의 나무를 오르내리며, 내가 바라는 삶에 한 걸음씩 닿아간다.

내 욕구와 마주하는 브레인스토밍

브레인스토밍은 꿈을 구체화하는 첫걸음이다. 종이 위에 소망을 자유롭게 표출해 내가 원하는 것들을 파악한다. 이 브레인스토밍이 목표 트리의 출발점이 되기에 무엇보다 솔직함이 중요하다.

다만 한 가지, 이 순간만큼은 현실적인 가능성에 대한 고민을 잠시 접어두도록 하자. 브레인스토밍은 목표를 현실화하기에 앞서 가장 본능적인 바람을 있는 그대로 끌어내는 과정이다. 여기에서 달성 가능성을 염두에 두면 내 욕구를 파악하는 데 제한이

---

* 앤절라 더크워스, 『그릿』, 비즈니스북스, 2016, 92-109쪽.

걸린다. 가령 '전원주택에 살고 싶다'는 마음을 꺼내기도 전에 '근데 전원주택에 살려면 얼마가 필요하지? 서울 밖으로 나가면 10억 정도에 구할 수 있으려나? 10억을 어느 세월에 모으지. 그 사이에 집값은 또 오를 텐데. 아 이거 안 되겠다.' 이렇게 제약이 꼬리를 물면 진정한 욕구를 파악할 수 없다. 그러니 현실성은 잠시 접어두고 지금은 검열 없이 종이 위에 자유롭게 써보자.

브레인스토밍은 네 가지 분야로 나눠서 한다. 개인적, 경험적, 경제적, 사회적 목표로. 분야마다 최대 15분씩 진행한다. 5분으로 짧게 끊어 진행하는 것도 좋다.

1. 개인적 목표

개인적으로 성취하고 싶은 것들을 적는다. 역량 향상과 관련된 자기계발 영역에 초점을 맞춰보자. 살면서 잘하고 싶은 것은 무엇인가? 일뿐만 아니다. 취미와 관련된 개인적 목표까지 다 적어본다. 영어로 편하게 대화하기, 외국어 두 가지 이상 습득하기, 책 출간하기, 바디 프로필 찍기, 블로그 운영하기, 스쿠버다이빙 자격증 따기, 뮤지컬 공연 올리기, 영어로 책 쓰기. 이런 예시가 있을 수 있다.

2. 경험적 목표

경험적 목표는 개인적 목표보다 폭이 넓다. 개인적 목표를 적을 때는 내가 성취하고 싶은 것에 초점을 맞춘 반면 경험적 목표는 내 경험을 확장하는 것과 관련이 있다. 삶을 풍성하게 만드는 것들. 버킷리스트라고 생각해도 괜찮다. 여가 활동이나 여행 같은 직접 경험도 포함하고, 간접 경험을 적을 수도 있다. 무언가를 배우는 것도 들어간다. 개인적 목표보다 넉넉하고 여유롭게 즐겨도 괜찮은 목표들을 적어보자. 예컨대 제주도 한 달 살기, 남극 여행하기, 유화 배우기, 인상 깊게 본 영화들 아카이빙하기, 나만의 패션 스타일 찾기, 패러글라이딩, 이집트에서 살아보기, 해외에서 월드컵 관전하기, 고양이 기르기. 이런 것들이 해당한다.

3. 경제적 목표

경제적 목표에는 돈을 얼마나 벌고 싶은지부터 시작해 어떤 방법으로 돈을 벌고 싶은지, 특별히 많은 돈이 필요한 목표들까지 적는다. 사업을 한다면 사업적 목표가 될 수도 있다. 주식 투자나 자금 마련 목표를 적는 것도 좋다. 자유롭게 모든 소망을 적는다. 상상하는 데는 아무 돈도 들지 않는다. 원하는 모든 것을 꺼내보자.

4. 사회적 목표

마지막으로 사회적인 욕구를 파악하는 브레인스토밍을 한다. 관계, 봉사와 관련된 목표를 포함한다. 소중한 사람과 돈독한 관계 형성하기, 상대에게 필요한 것을 베풀 줄 알기, 부모님 매년 한 번은 해외여행 보내드리기, 매월 부모님 찾아뵙기, 번 돈의 10퍼센트 기부하기, 한 달에 한 번 이상 봉사하기, 학교 세우기, 사람들이 쉬어갈 수 있는 책방 만들기. 사회와 연관된 나의 욕구들을 모두 펼쳐본다.

여기까지 브레인스토밍할 네 가지 분야를 살펴보았다. 다시 강조하지만 지금은 가능한 것을 쓰는 시간이 아니라 원하는 것을 꺼내는 시간이다. '돈이 충분하다면', '체력이 받쳐준다면', '여건이 갖춰진다면'이라는 가정을 전제로, 마음속 깊은 소망까지 꺼내어 종이 위에 펼쳐보자. 각각의 분야마다 타이머를 5~15분으로 설정하고 그 시간 동안은 검열 없이 자유롭게 적는 것이 핵심이다. 지금 이 순간은 오롯이 당신이 원하는 삶의 밑그림을 그리는 시간이다.

비전을 향하여
Why

앞에서 몇 개의 소망을 브레인스토밍했는가? 드디어 목표의 현실성을 고려할 차례다. 4개 분야를 통틀어서 브레인스토밍했던 목표들 중에서 죽기 전에 무조건 이루고 싶은 목표 5개에 동그라미를 친다. 내 모든 자원을 투자해서라도 반드시 성취하고 싶은 목표를 딱 5개만 고른다.

5개의 목표를 골랐다면 그 다음 단계로 목표 트리를 그린다. 목표 트리는 피라미드 모양의 마인드맵이라고 생각하면 된다. 보통 마인드맵을 그릴 때는 중앙에 핵심 주제를 놓고 사방으로 가지치기를 하며 뻗어 나간다. 하지만 목표 트리는 삼각형 모양이다. 피라미드의 위로 갈수록 장기 목표에 가깝고, 아래로 갈수록 단기 목표인 습관에 가까워진다.

목표 트리 가장 위에는 비전을, 가장 밑에는 습관을 배치한다. 이 작업을 통해 내가 궁극적으로 실현하려는 삶을 위해서 어떤 단계를 밟아야 하는지 구체적으로 파악할 수 있다. 그러다 보면 결국에는 오늘 하루 내가 무엇을 해야 하는지 깨닫게 된다.

다시 브레인스토밍한 자료로 넘어가 보자. 나에게 중요한 목표 다섯 가지를 고르고 각각의 목표에서 가지치기를 시작한다. 정갈하게 정리하기 전에 스케치한다고 생각하고 자유롭게 가지를 쳐보자. 규칙은 간단하다. '왜'라고 질문하면서 위로 올라가고, '어떻게'라고 질문하면서 아래로 내려간다. '왜'라고 질문할수록 최상위 목표인 비전과 가까워지며, '어떻게'라고 질문할수록 습관과 가까워진다.

아래의 과정으로 요약할 수 있다.

- 첫째, '왜?'를 사용해 올라가고 '어떻게?'를 사용해 내려간다.

- 둘째, 지향하는 삶의 모습이 나올 때까지 올라간다.
- 셋째, 일상적으로 할 수 있는 아주 작은 행동이 도출될 때까지 내려간다.

예를 들어 5개의 목표 중에 '신체적으로 건강하기'가 있다고 해보자.

여기서부터 시작해 위로 올라간다. 나한테 물어본다.
'왜 신체적으로 건강하고 싶은데?'
'왜?'라고 물었으니까 위에 적어야 한다.
'지치지 않고 하고 싶은 걸 할 수 있는 체력이 있어야 해.'
'왜?' 또 물어본다.
'하고 싶은 게 많으니까.'
'왜?'
'나는 욕심이 많은 사람이야.'
'왜?'
'한 번 사는 인생이니까 하고 싶은 건 모두 하고 싶어.'
'왜?'
'그래야 죽기 전에 후회가 없을 것 같거든.'
'왜?'
'내 역량을 충분히 발휘할 테니까.'
'왜 그게 중요한데?'

'내가 가진 걸로 세상에 도움을 줄 수 있는 사람이면 좋겠어.'

이쯤에서 내 안에 있는 진짜 이유, 비전이 드러났다고 느껴지면 멈춘다. 정해진 지점이 있는 게 아니라 스스로 '이 지점이 내 궁극적인 지향점이야'라고 느끼는 부분에서 멈추면 된다.

습관을 만들어
How

이번에는 '어떻게?'라는 질문을 통해 아래로 내려가 보자. 이 과정의 목적은 지금 당장 실천할 수 있는 작은 습관을 도출하는 것이다. 결국 변화를 만드는 건 크고 멋진 계획이 아니라 작고 단순한 행동의 반복이다.

방금 전 예시로 들었던 '신체적으로 건강하기'라는 목표에서 출발해 아래로 내려간다. '어떻게 건강할 건데?'라고 물으면 다양한 방법이 나올 수 있다.

'걷기 운동을 할 거야.'

'홈트레이닝을 해야지.'

'틈틈이 스트레칭을 할 거야.'

'어떻게?' 다시 물어본다. 그럼 더 구체적인 행동들이 나온다.

'점심 먹고 난 뒤 20분 걷기'

'월·수·금 아침 7~8시에 홈트레이닝'

'30분에 한 번씩 일어나 스트레칭'

'집에 아령을 비치하기'

이런 식으로 내려가다 보면 지금 당장 할 수 있는 것들이 구체적으로 나온다. 이게 습관으로 만들어야 하는 작은 행동이 된다. 내가 오늘, 작게 실행할 수 있는 행동이 나올 때까지 '어떻게?'라는 질문을 사용해 내려간다.

여기서 한 가지 기억할 점이 있다. 비전 아래에 있는 하위 목표와 습관들은 결국 하나의 비전과 연결되는 게 이상적이다. 하지만 비전이라는 건 단번에 명확해지는 게 아니다. 처음에는 흐릿하더라도 괜찮다. 일단 작은 행동부터 시작해 반복하다 보면, 어느 순간 그 모든 조각들이 하나의 방향을 가리키기 시작할 것이다.

목표 트리 예시

이상적인 목표 트리 예시를 살펴보자. 이상적인 목표 트리이기 때문에 반드시 이렇게 해야 한다는 부담을 가질 필요가 없다. 그래도 이해를 돕기 위해 이상적인 이미지를 가져왔다. 우선 이미지를 살펴본 뒤 목표 트리에 쉽게 접근하는 방법까지 함께 들여다본다.

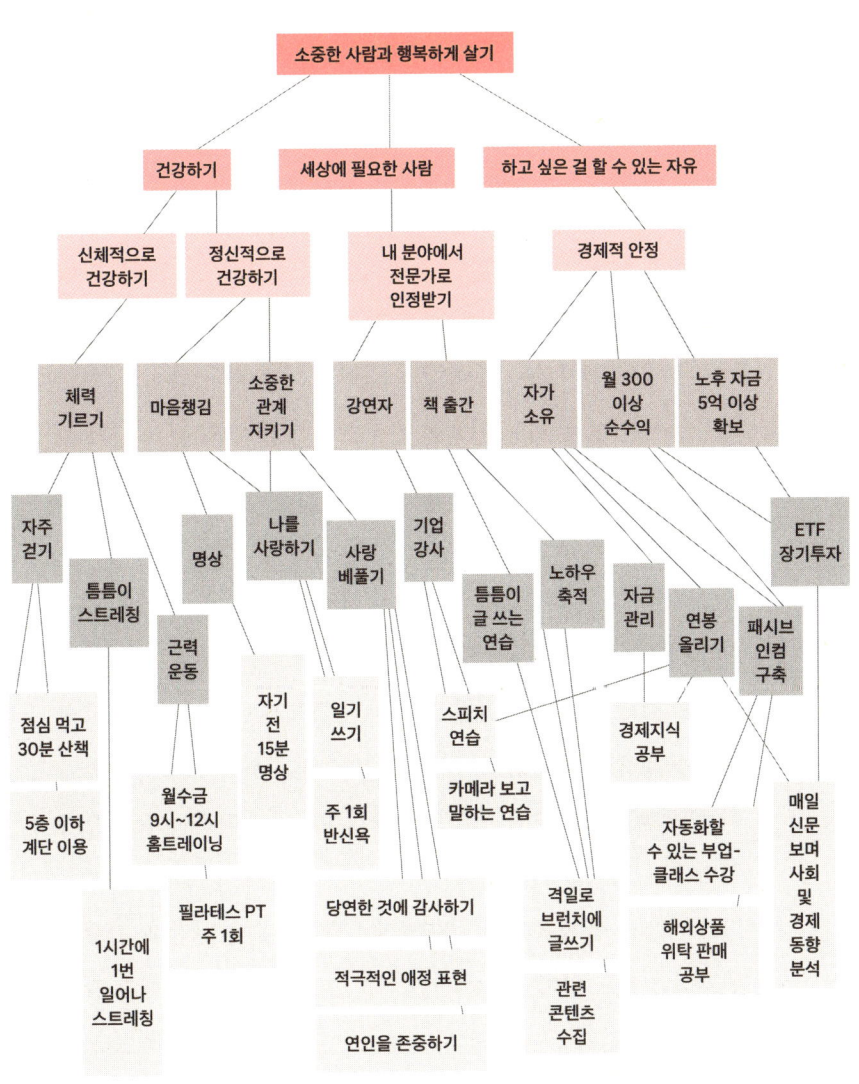

목표 트리 예시

이상적인 목표 체계를 보면 아래로 갈수록 개수가 많아지고 구체적으로 제시된다. 가장 위에는 비전이 있다. 예시의 목표 트리를 그린 사람의 비전은 '소중한 사람과 행복하게 살기'다. 모두의 비전이 스티브 잡스와 같이 거창할 필요는 없다. '소중한 사람과 행복하게 살기'라는 비전이 얼마나 중요한 목표인가. 사람마다 궁극적으로 지향하는 바는 다르고 가치 없는 비전은 없다. 이는 다른 사람이 평가하는 게 아니다. 나만의 기준이다. '내가 이 정도 지향점이면 한 번 사는 인생을 만족스럽게 살 수 있을 것 같다'는 주관적인 만족감이 중요하다.

다시 예시를 살펴보자. 예시 속 인물의 비전에서 출발해 '소중한 사람과 행복하게 살려면 어떻게 해야 할까?'라는 질문을 던진다. 그럼 건강하기, 하고 싶은 걸 할 수 있는 자유를 얻기, 세상에 필요한 사람이 되기… 이런 식의 하위 목표가 나올 수 있다. 그런데 행복의 기준도 사람마다 다르기 때문에 하위 목표도 사람마다 다르다. 행복의 기준을 무엇으로 설정하느냐에 따라 하위 목표가 얼마든지 달라질 수 있다.

그러면 또 상위 목표에서 '어떻게?'라고 질문을 던진다. 건강은 신체적 건강도 있지만 정신적인 건강도 중요하니 두 갈래로 갈렸다. 신체적 건강에 대해서는 앞에서 언급했으니 '정신적으로 건강하기'라는 목표를 보자. 정신적으로 건강하려면 어떻게 해야 하지? 마음을 챙기고 소중한 관계를 지켜야 해. 마음챙김을 하려면 명상을 해야지. 나를 사랑하기도 해야 하고. 소중한 관계를 지키기 위해서도 나를 사랑하는 게 필요해. 그리고 나를 사랑하며 채운 사랑을 베풀어야지. 명상을 어떻게 할 수 있을까? 자기 전마다 15분씩 명상을 해야겠어. 명상 어플이나 유튜브 명상 채널을 활용해야지. 나를 사랑하기 위해서는 어떻게 해야 할까? 일기를 쓰고 주 1회는 반신욕을 할 거야. 사랑을 베풀려면 어떻게 해야 할까? 당연한 것에 감사하고, 두려워하지 말고 적극적으로 애정 표현을 해야지. 이런 식으로 상위 목표에 대해 '어떻게?'라고 질문을 던져서 비교적 당장 오늘 할 수 있는 것까지 도출한다.

오른쪽으로 넘어가 '책 출간'이라는 목표에도 똑같이 적용할 수 있다. 책을 출간하려면 어떻게 해야 할까? 틈틈이 글 쓰는 연습을 해야지. 책에 담을 수 있는 나만의 노하우도 축적해야 해. 그러려면 어떻게 해야 할까? 격일로 블로그에 글을 써야지. 콘텐츠를 볼 때마다 인용할 만한 내용이 나오면 스크랩해야겠어. 이런 식으로 내가 근시일 내에 실행할 수 있는 습관이 도출될 수 있도록 한다.

첨언하자면 아래로 내려올수록 한 박스에 여러 가지가 연결될 수 있다. 그럼 잘하고 있는 것이다. 하위 목표가 상위 목표로 통합되고 있다는 얘기니 말이다. 예를 들어 '패시브 인컴 구축'이라는 하위 목표는 '자가 소유' 그리고 '월 300 이상 순수익'이라는 상위 목표에 모두 포함된다. '스피치 연습'이라는 하위 목표도 '기업 강사'와 '연봉 올리기'라는 상위 목표에 둘 다 들어간다.

조금 더 쉽게 연상할 수 있게끔 목표 트리 템플릿을 준비했다. 오른쪽의 템플릿을 보면 목표의 위계를 쪼개 놓았다. 궁극적 지향점인 비전부터 습관까지. 목표 달성 기한을 기준으로 칸을 나눴다. 일부러 여섯 단계로 나누긴 했지만 여기에 얽매일 필요는 없다. 브레인스토밍한 목표들 중에서 나에게 중요한 목표 5개를 고른다. 그 뒤 목표들이 객관적으로 봤을 때 어느 시점에 달성할 수 있는 목표인지 파악해서 목표 트리 안에 배치한다. 목표의 특성 그리고 내 상황과 능력을 고려했을 때 언제 달성할 수 있는 목표인지 봐야 한다.

예를 들어 '자유자재로 영어 구사하기'라는 목표를 가지고 있다고 가정해보자. 그러면 '지금 내가 영어를 어느 정도 하느냐'에 더해 '내가 이 목표에 시간을 얼마나 투자할 수 있느냐'에 따라서 이 목표가 1년 이내에 달성할 수 있는 목표가 될 수도 있고, 3년 이상 목표에 들어갈 수도 있고, 5년 이상 목표에 들어갈 수도 있다. 그래서 내 상황과 능력 그리고 목표 특성을 종합적으로 고려해야 한다. 그렇게 목표를 알맞은 곳에 넣고, 거기에서부터 가지치기를 시작한다.

가령 "나는 '자유자재로 영어 구사하기'라는 목표를 3년 정도면 달성할 수 있을 것 같아"라고 하면 '3년 이상 목표'에 '자유자재로 영어 구사하기'를 적는다. 이후 '왜 자유자재로 영어를 구사하

목표 트리

- 궁극적 지향점
- 5년 이상 목표
- 3년 이상 목표
- 1년 이상 목표
- 1년 이내 목표
- 습관

목표 트리 템플릿

고 싶은데?'라고 물어보고 '해외여행을 갈 때 막힘없이 내가 원하는 바를 표현하고 싶어', '외국계 회사에 다니는 만큼 해외 출장이 잦은데 번역기에 의존하기 싫어서' 등 자신만의 답을 쌓으며 위로 올라간다. 여기에서도 '왜?'라고 물어본 뒤 '언어를 습득하는 건 내 세계를 넓히는 일이라고 생각해'라는 궁극적 지향점에 가까운 상위 목표를 도출할 수 있다.

이번엔 아래로 내려가면서 '어떻게 자유자재로 영어를 구사하지?'라는 질문을 던진다. '원서 분석', '미드 대사 암기', '화상 전화'와 같은 방법이 나올 수 있다. 이런 건 바로 할 수 있는 일이니까 '1년 이상 목표'를 건너뛰고 '1년 이내 목표'로 가져올 수도 있다. 그러면 또 '어떻게 원서를 분석할 건데? 어떤 원서로?', '어떤 미드 대사를 암기할 건데? 하루에 얼마나 암기할 건데?', '화상 전화는 어디에서 할 건데? 무슨 요일, 몇 시에 할 건데?' 이런 식으로 질문을 던진다. 그럼 당장 실천할 수 있는 습관까지 도출할 수 있다.

목표 트리를 그리는 건 단순한 계획 수립이 아니라 현재와 미래를 연결하는 작업이다. 오늘의 작은 행동 하나가 나의 지향점과 연결될 수 있도록 찬찬히 목표 트리를 완성해보자.

한 달에 하나, 나를 위한 작은 실험

'큰 변화'가 아닌 '작은 실험'으로 나아가기

무작정 "도전하라"는 말을 좋아하지 않는다. 준비 없는 도전은 삶을 무겁게 만든다. 두려움과 부담을 동반한 벼랑 끝에서의 도전은 실패로 끝나기도 한다. 제아무리 누구의 등쌀에 밀려 도전했다고 한들 결국 도전에 대한 책임을 지는 건 나다. 내 삶에 책임지지 않는 사람이 건넨 그 이야기가 무모하게 들리는 이유다.

그럼에도 도전이 주는 효용을 안다. 내 20대는 시도로 가득 차 있다. 하고 싶은 게 있으면 어떻게든 시도하고 봤다. 시도했을 때 드는 후회는 배움으로 돌릴 수 있지만, 시도하지 않았을 때 드는 후회는 평생 남는다고 생각했다. 그렇게 크고 작은 시도를 통해 무엇을 얻었냐 하면, 헤아릴 수 없이 많은 걸 배웠다.

새로운 일에 도전해 성공적으로 끝내면 근거 있는 자신감이 생긴다. 혹 실패하더라도 노력한 과정을 칭찬하며 다시 도전할 용기를 얻을 수 있다. 스스로의 한계를 뛰어넘으며 가능성을 확장하는 경험도 할 수 있다. "내가 이런 걸 할 수 있었다니?" 하며 놀라기도 한다. 그 과정에서 발생하는 문제를 해결하며 다양한 상황에 대응하는 능력이 생기는 건 덤이다.

하지만 큰 도전은 여전히 두려울 수 있다. 그럴 때는 작은 도전부터 시작해보자. 한 달에 한 번은 그간을 환기할 겸 새로운 시도를 해보자. 작은 도전이란 말 그대로 작게 시도할 수 있는 도전이다. 예를 들어 평소 회사에 갈 때 지하철을 타고 다닌다면, 하루는 버스를 타고 가본다거나 원데이 클래스로 그림 그리기를 시도할 수도 있다. 이전에 가보지 않은 동네에 방문해볼 수도 있다. 아침에 유산균 먹기와 같은 작은 습관을 실행하는 것도 작은 도전이다. 작게 도전하고 기록하면서 일상에 새로운 리듬을 만들어갈 수 있다. 일종의 변주인 것이다.

내 인생에 시도의 이력이 많다 보니 사람들은 내가 겁이 없는 사람인 줄 안다. 하지만 나는 생각보다 리스크를 두려워하는 사람이다. 그래서 도전에 앞서 최대한의 안전망을 구축하고 작게 시도하는 걸 좋아한다. 작은 시도이기에 실패했을 때 타격감도

적다. 작게 시도한 것들이 모여 눈사람처럼 커지기도 하고, 금세 터져 거품처럼 사라지기도 했다. 그럼에도 모든 시도는 배움으로 연결됐다. 그래서 또 도전할 동기가 생긴다.

"이번 달에는 어떤 작은 변화를 줄 수 있을까?"라고 고민하며 작은 도전을 이어가보자. 그 도전이 당신을 어디로 이끌지는 모른다. 하지만 한 가지는 분명하다. 새로운 시도는 늘 새로운 나를 만나게 해준다.

쉽게 도전하는 방법

어떤 시도든 나에게 새롭다면 그 자체로 도전이 된다. 그래서 쉽게 도전하는 방법을 아는 것은 곧 쉽게 시도하는 방법을 아는 것이다. 앞으로 소개할 세 가지를 기억해 쉽게 실행에 옮겨보자.

1. 도전을 돕는 환경을 설계한다

어떤 행동을 실천할 수 있는 환경을 조성하면 도전이 더 쉬워진다. 새로운 시도는 결심만으로 되는 일이 아니다. 의지력을 과신하지 말고, 행동이 자연스럽게 유도되도록 환경을 설계하는 것이 중요하다. 우선, 이를 위한 물리적 접근성이 좋아야 한다. 예를 들어 춤을 배우고 싶다면 댄스 학원에 등록한다. 운동을 하고 싶다면 헬스장에 등록하거나 집에 덤벨과 같은 도구를 마련해둔다. 책을 많이 읽고 싶다면 눈에 보이는 곳에 책을 비치한다. 꽃꽂이를 배우고 싶다면 원데이 클래스를 신청한다. '언젠가 해봐야지'라는 두루뭉술한 마음보다 지금 당장 할 수 있는 환경을 갖추는 것이 효과적이다.

두 번째로, 나를 변화로 이끄는 장치를 마련해두어야 한다. 이 장치는 새로운 습관을 형성하는 데 큰 도움을 준다. 아침에 일찍 일어나는 습관을 만들려고 한 시기에 어느 날, 핸드폰을 가까이 두면 핸드폰 알람을 끄고 다시 누워버리는 나를 발견했다. 그 패턴을 자각한 뒤 자기 전에 핸드폰을 멀리 두기 시작했다. 알람을 끄려면 적어도 침대에서 일어나야 하는 거리에 핸드폰을 둔 것이다. 그러자 알람을 끄려면 침대에서 일어나야 했고, 이전보다 기상이 수월해졌다.

저녁에도 마찬가지다. 보통 12시에 자는데 자기 전에 30분 동안 독서하는 습관을 들이고 싶다고 하자. 그러면 11시 30분 전에는 침대에 누워 책을 읽을 수 있게 머리맡에 무드등과 책을 둬야 한다. 나는 16년째 일기 쓰는 습관을 가지고 있는데 베개 옆에 일기장과 펜을 둔다. 자기 전 혹은 아침에 몸만 돌려서 바로 일기를 쓸 수 있게 만들었다. 한때 일기장을 가지고 다닌 적도 있다. 쓰고 싶은 게 있을 때마다 쓸 수 있도록 세팅했다. 각자의 생활 패턴에 따라 방식은 얼마든지 달라질 수 있다. 핵심은 내가 무언가를 시도하고자 할 때, 이를 최대한 뒷받침해 줄 수 있는 환경을 조성하고 준비물을 갖추는 것이다.

프랑스 고급 레스토랑의 셰프들은 요리할 때 '미즈 앙 플라스Mise en Place'라는 원칙을 준수한다. 미즈 앙 플라스는 프랑스어로 '제자리에 놓다'라는 뜻이다. 요리하기 전에 요리 도구들이 제자리에 있어야 하며, 모든 도구와 재료가 제자리에 있는 게 확인되지 않으면 요리를 시작하지 않는다고 한다. 조리법에 따라 도구와 식재료가 순서대로 준비돼 있어야 비로소 요리를 시작한다. 그럼 요리를 잘할 수 있는 모든 게 준비돼 있기 때문에 중간에 준비물을 찾는 등 다른 곳에 시선을 분산하지 않고 요리를 잘하는 것에만 집중할 수 있다.*

이처럼 우리도 작은 도전을 위해 필요한 환경과 준비물을 갖춰야 한다. 시도는 의지보다 준비가 먼저다.

2. 방해물을 제거한다

도전을 방해하는 요소가 있다면 과감히 치운다. 책을 읽고 싶어서 책상에 앉았는데, 휴대폰도 보이고 노트북도 켜져 있는 데다 방이 어질러져 있으면 독서에 집중하기가 어렵다. 이럴 땐 방해 요소를 제거해야 한다. 혹시 무언가에 집중이 안 된다면 내가 어

---

* 웬디 우드, 『해빗』, 다산북스, 2019, 160쪽.

떤 방해를 받는지 살펴본다. 그리고 그 방해물을 확실하게 제거하고 다시 시도해보자.

사회심리학자 에드워드 존스에 의해 이론화된 '자기 불구화Self Handicapping'라는 심리학 용어가 있다. 잠재적인 실패로부터 자존감을 지키기 위해 노력을 회피하는 인지 전략을 뜻한다. 의도적으로 방해 요소를 제거하지 않아 실패에 대한 핑계를 만드는 거다. 예를 들어 시험을 보기 전에 게임을 하고는 시험을 잘 못 봤을 때 '시험 전날 게임을 해서 잘 못 본 것'이라고 합리화하면 자기 불구화라고 할 수 있다. 내가 아니라 방해물이 잘못한 것이라고 여기는 거다. 참 멋이 없지만 사람은 이럴 수 있다. 그러니 정신을 똑바로 차리고, 의지력을 믿기보다는 환경을 조성하고 방해물을 제거해야 한다.

3. 성장일지를 작성한다

나는 일상을 기록하는 일 외에도 큼직한 시도를 할 때면, 일기와는 별도로 '성장일지'를 따로 만들어 썼다. 회사 생활을 처음 시작할 때, 유튜브 채널을 처음 열었을 때, 사업에 처음 발을 들였을 때. 무언가에 도전하는 날 아침이면, 새로운 성장일지도 함께 시작됐다.

처음엔 서툴러도 하루에 하나씩 배우고 다듬어가다 보면, 어제보다 작게라도 성장했다는 감각이 도전을 이어가도록 해주었

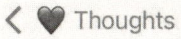

Created: May 24, 2019 at 9:53 PM

성장일지 at 퍼블리

5.23 첫출근. 내일은 더 많은 사람에게 말을 걸고 싶다.
5.24 퇴근할 때 쭈뼛쭈뼛 나가지말고 "가보겠습니다"하고 나갈래!

7.4 (목)
내가 생각해도 어설프긴 했다. 내가. 회사일은 내가 그동안 한 일과 참 다르다는 생각이 든다.
그리고 내 의견을 감추고   님 하는 말에 고개만 끄덕였더니 더 삐끗하는 거 같다. 그래서 아까는 저자 인터뷰 촬영 방식에 대해서 내 의견을 확실하게 말하고 왔다. 그랬더니 소통도 더 잘되고 일이 더 잘 풀리는 느낌.   님이 처음에 나한테 말할 때 "저는 환경을 우리가 통제할 수 있어야 한다고 생각해요. 그 사람 사무실에 가서 인터뷰하고 그런 건 아닌듯"이라고 했을 때 고개를 끄덕였는데, 오늘 다시 생각해보니까 그게 정말 아닌 거다. 그래서 "저자 인터뷰는 그 사람의 공간에 가서 해야 한다"고 말하고 왔다. 그러니 후련하다.
스타트업은 일당백을 해야 하는 곳인 거 같아. 모범적으로 하려고 하면 평타만 치지 마음을 움직이지는 못하는 거 같고. 실험적이고 도전적으로 대해야 한다. 어제 설문조사 만들 때도 퍼블리에서 그동안 만들었던 설문지 참고해서 만들었는데 너무 dry하다는 피드백을 받았다. 그러면서 <설득의 심리학>을 읽어 보라고 하셨다. (사실 이미 읽었는데 왜 이걸 생각하지 못했을까 하는 생각도 들었다.)

퍼블리에 다닐 때 쓴 성장일지

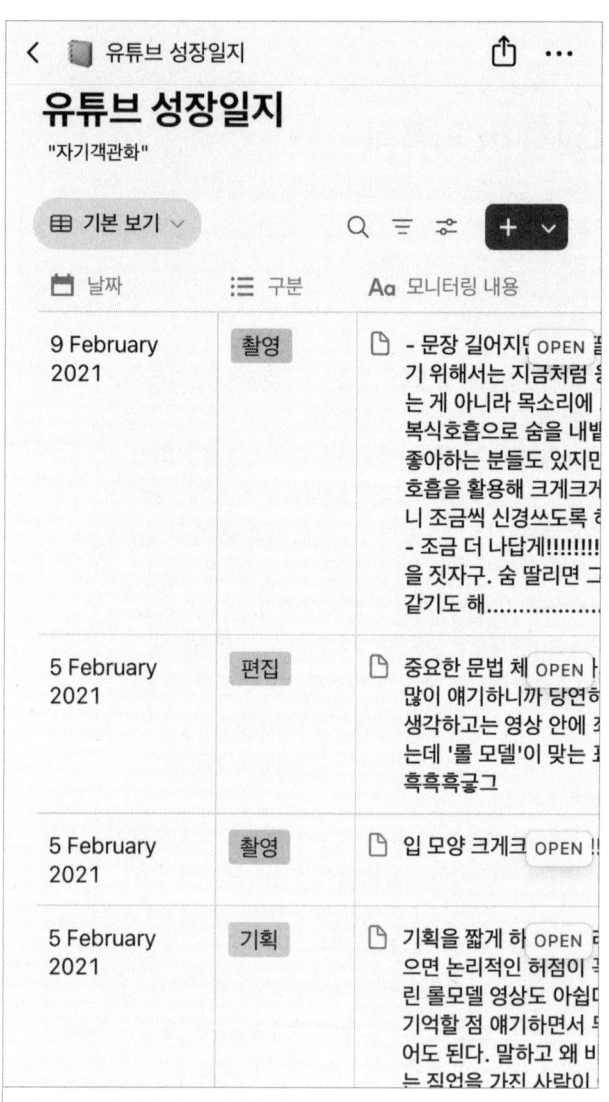

유튜브를 운영하며 쓴 성장일지

다. 성장일지에는 잘한 점보다는 아쉬운 점이나 부족한 점을 적었다. 그리고 다음 날엔 그 부분을 보완하며 실험하듯 하루를 살아갔다. 그 과정을 반복하니 실수조차 배움이 되고, 성장이 당연해졌다.

 기록은 내가 배우고 있는 것들을 눈에 보이게 만든다. 사람들은 자신이 얼마나 성장하고 있는지를 체감하지 못한 채 도전을 멈춘다. 하지만 성장의 과정을 기록으로 남겨두면, 내가 어디쯤 와 있고, 어떤 걸 새롭게 깨달았는지 구체적으로 확인할 수 있다. 스스로에게 "너 조금씩 성장하고 있어"라고 말해줄 수 있는 가장 확실한 증거가 된다. 성장일지를 활용해 매일 성장하는 기쁨을 느껴보자.

리듬을 살리는 월간 리추얼

그린 모먼트
자연과 하나가 될 때

자취하던 때에 5분 거리에 공원이 있었다. 머리가 복잡하고, 마음이 심란할 때면 그곳으로 향하곤 했다. 자연에 파묻혀 계절의 변화를 느끼며 안도의 숨을 쉬었다. 봄이 가면 여름이 오고, 가을이 지나면 겨울이 오듯, 이 겨울이 지나면 언젠가 봄이 다시 올 거란 믿음이 나를 버티게 했다. 자연의 품에 기대 나를 포용하는 시간. 그 시간을 '그린 모먼트Green Moment'라 지칭하기로 했다.

우리의 삶은 빠르게 흘러간다. 해야 할 일로 가득 찬 일정표, 계속해서 쏟아지는 정보의 홍수 속에서 바삐 살아가다 보면 여유를 잃기 쉽다. 하지만 이럴 때일수록 의식적으로 멈추는 시간을 만들어야 한다. 이 시간이야말로 우리가 다시 전진할 힘을 충전할 기회를 주기 때문이다.

그린 모먼트는 대단한 순간이 아니다. 집 근처 공원에서 산책을 하거나 나무 그늘 아래서 책을 읽는 것처럼 소소한 활동들로 채울 수 있다. 중요한 건 자연과 교감하며 나를 들여다보는 시간을 만드는 것이다.

일본에는 '숲 치유'라는 개념이 있다. 숲속에서 걷고 자연의 소리를 듣는 것만으로도 스트레스가 줄어들고 마음이 안정된다고 한다. 잔잔한 바람, 반짝이는 햇살, 오돌토돌한 흙의 질감 등 자연은 눈으로 보는 풍경을 넘어 우리의 감각을 깨우고 내면의 고요를 되찾게 하는 힘을 지닌다. 그린 모먼트를 통해 우리는 나와 깊이 연결될 수 있다.

그린 모민트를 실천하기 위해 멀리 떠날 필요는 없다. 일상에서 쉽게 접근할 수 있는 자연을 찾아보자.

팁

가까운 공원 산책하기
집이나 회사 근처에 있는 공원에서 짧게라도 걷는다. 그동안은 핸드폰을 주머니에 넣고 주변 소리에 귀 기울인다. 바람이 나뭇잎에 스치는 소리, 새의 지저귐. 산책은 평소에 미처 느끼지 못했던 일상의 아름다움을 발견하게 해준다.

자연 속에 있는 식당이나 카페 가기

요즘은 자연을 품은 식당이나 카페가 많아졌다. 개인적으로 이런 곳에서 브런치를 먹는 걸 좋아한다. 식당이나 카페에 갈 때 이왕이면 나무가 보이는 카페에 가려고 한다. 맛있는 음식을 먹거나 따뜻한 차를 마시며 자연을 느끼는 것만으로도 마음이 편안해진다.

주말 오전에 숲길 걷기

평일에 시간을 내기가 어렵다면 주말 아침 시간을 활용해 자연을 만끽하는 시간을 가져보자. 이른 시간임에도 꽤나 많은 사람들이 산책을 하고 있음을 발견할 수 있다.

가드닝 혹은 식물 기르기

집에서 식물을 기르는 것도 그린 모먼트가 될 수 있다. 나는 식물을 잘 기르지 못해 최소한의 손길만 제공해도 괜찮은 식물을 찾아 기른다. 식물 집사님들에 의하면 사람별로 맞는 식물이 다르다고 하니, 나에게 맞는 식물을 물색하는 것부터 시작해보자.

그린 모먼트는 삶의 리듬을 회복하는 시간이다. 100년 넘은 나무의 생명력과 하늘을 나는 새들의 자유로움, 거친 흙을 뚫고 피어나는 새싹들은 잊고 지냈던 삶의 본질을 깨닫게 한다. 자연은 '유능한 나'가 아닌 '존재하는 나'를 품는다. 무엇을 해내지 않아도 충분한 나. 그런 나를 마주하고 싶을 때 자연은 늘 그 자리에 있다.

슬로우 아워
디지털과 잠시 멀어지는 시간

우리는 디지털로 가득한 세계에서 살아간다. 나 역시 유튜브와 인스타그램을 통해 많은 분들과 소통하며 SNS의 긍정적인 면을 누리고 있다. 멀리 있는 사람과 연결되고 나와 비슷한 취향과 생각을 가진 이들과 가까워질 수 있는 건 분명 큰 장점이다. 하지만 스크롤을 내리다 보면 어느새 1~2시간이 훌쩍 지나가곤 한다. 디지털은 일상 깊숙이 스며들었고 이제는 떼려야 뗄 수 없는 일부가 되었다. 시도 때도 없이 울리는 알람과 멈춤 없이 흘러가는 시간을 따라 삶은 점점 빨라진다. 이런 삶을 의도적으로 멈추는 게 '슬로우 아워Slow Hour'다.

   슬로우 아워는 디지털 디톡스를 넘어 의식적으로 느린 삶을 선택하는 시간을 의미한다. 핸드폰, 태블릿, 노트북처럼 우리와 밀접하게 연결돼 효율을 높이는 기기들과 거리를 두고, 세상의 속도에서 벗어나 나만의 고요한 순간을 만들어가는 시간이다. 이 시간만큼은 더 느리게 더 의도적으로 현재를 살아간다. 한 달에 한 번, 과도한 자극에서 벗어나 마음의 여유를 찾고 내면과 더 끈끈히 연결되는 시간을 갖는다. 슬로우 아워를 실천하는 방법은 간단하다. 몇 가지 팁을 제안한다.

팁

디지털 기기와 거리 두기

정해진 시간에 맞춰 핸드폰을 끈다. 아예 끄기가 어렵다면 특정 시간대에는 방해 금지 모드를 활성화하는 것도 방법이다. 내 경우에는 핸드폰 알람을 모두 꺼놨다. 배지만 뜨고 진동은 울리지 않게 설정해두었다. 그러니 일을 하다 진동 소리에 고개를 돌리지 않게 됐고 내 페이스에 맞춰 핸드폰을 사용할 수 있게 되었다. 이 시간은 아날로그로 할 수 있는 것들을 해볼 수 있는 기회이기도 하다. 읽기, 일기 쓰기, 손으로 편지 쓰기, 그림 그리기 등은 우리를 디지털 세계로부터 잠시 멀어지게 한다. 이 활동들은 잊고 지내기 쉬운 내면의 감정을 깨우기도 한다.

느리게 걷기

천천히 걷는 것도 하나의 방법이다. 평소에 빠르게 걷던 걸음의 보폭을 넓혀 느리게 걸으며, 주변 풍경을 관찰하고 발걸음에 집중한다. 걷는 행위 자체가 명상이 될 수 있다.

조용한 공간에서 사색하기
의도적으로 조용한 공간에서 혼자만의 시간을 즐길 수도 있다. 은은하게 무드등을 켜고 차 한 잔과 함께 내 생각과 감각에 집중한다. 사색은 우리의 내면을 정리하고 삶의 방향성을 다시금 점검하게 해준다.

슬로우 아워를 통해 의식적으로 느린 시간을 만들어가는 연습은 디지털에 대한 피로도를 해소하는 걸 넘어 삶의 가치를 깨닫게 한다. 슬로우 아워를 실천하며 자신만의 고요한 리듬을 찾아보자. 잔잔히 흘러가는 시간 속에서 새로운 가능성을 발견하게 될 것이다.

포켓 트립
작게 여행 떠나기

나는 여행을 자주 가는 편은 아니다. 성인이 되고 나서 떠난 여행을 다섯 손가락 안에 꼽을 수 있다. 일주일 이상 여행을 간 적은 아예 없다. 일부러 안 가는 건 아니지만 여행을 가려면 늘 큰 결심

이 필요했다. 쥐고 있는 걸 내려놓고 훅 떠나야 하는 그 결심이 부담스럽게 느껴질 때도 있었다. 그래서일까, 가끔은 훌쩍 떠날 수 있는 사람들의 뒷모습을 동경했다.

대신 작게 탐험하는 걸 좋아한다. 멀리 떠나지 않아도 낯선 카페에 가거나 처음 가보는 동네 골목을 걷는 것만으로도 시선이 확장됐다. 그래서 나는 이런 작고 가벼운 여행을 '포켓 트립Pocket Trip'이라 부르며 한 달에 한 번쯤은 익숙하지 않은 곳으로 발걸음을 옮긴다.

이런 소소한 여행들은 단조로운 일상에 활력을 불어넣고 익숙함 속에서 새로움을 발견하게 해준다. 마치 멀리 여행을 떠난 것처럼 말이다. 다음은 포켓 트립을 실천하는 몇 가지 방법이다.

팁

새로운 카페나 식당 방문하기

평소에 자주 가던 곳 대신 한 번도 가보지 않은 카페나 식당을 간다. 메뉴도 평소의 나라면 선택하지 않을 것을 주문한다. 새로운 공간과 맛은 뜻밖의 즐거움을 선사할지도 모른다.

낯선 동네 탐험하기

우리가 사는 곳에는 익숙하지만 자주 가지 않는 동네가 있다. 집

주변 혹은 전철로 몇 정거장 가면 닿는 동네에서 색다른 공간을 발견해보자. 새로운 골목길, 작은 상점, 공원 등 익숙하고도 낯선 동네에서 새로운 재미를 발견할 수 있다.

특별한 테마를 정하고 여행하기
포켓 트립을 할 때 특정 테마를 정하고 여행하는 것도 좋은 방법이다. 예를 들어 '책방 투어' 혹은 '베이커리 탐방' 이런 식으로 사전에 주제를 정한 뒤 떠난다.

대중교통을 타고 무작위로 내려 걷기
지하철이나 버스를 타고 목적지를 정하지 않은 채 랜덤으로 내려 보는 것도 좋다. 길은 어디에나 있으니까. 목적지 없이 떠나는 여행은 두렵기도 하지만 예상 외의 즐거움을 가져다 주기도 한다.

포켓 트립은 멀리 떠나지 않아도, 큰 비용을 들이지 않고 일상을 풍요롭게 만드는 방법이다. 낯선 동네에서 마시는 커피, 한 번도 걷지 않았던 골목길 산책, 색다른 음식을 맛보는 작은 도전은 매일 똑같은 하루에 신선한 바람을 불어넣는다.

1
정신력이 몸을 이길 수 있다고 믿었다

2
자기이해

3
하루

4
일주일

5
한달

Yearly

1년을 위한 비전 세우기
물음표에서 느낌표가 되기까지

6

소리 없는 반항에서 시작된 나만의 비전

'열정'과 '비전'은 자기계발 담론에서 흔하게 등장한다. "당신만의 열정을 찾으세요", "비전을 향해 나아가세요" 같은 말들은 결국, 삶의 주관과 철학, 방향성에 관한 이야기다. 그런데 정작 10대 시절에는 이런 말보다 '공부'와 '대학'이라는 단어를 더 익숙하게 듣는다. 내가 무엇을 좋아하는지 그리고 어떤 삶을 살고 싶은지보다, 점수와 입시에 집중하게 되는 구조. 나는 이 점이 문제라고 생각한다.

  많은 사람들이 종종 내게, 어떻게 그렇게 뚜렷한 방향성을 갖고 살아가냐고 묻곤 한다. 나 역시 10대 시절에는 내가 원하는 방향성을 알지 못했다. 어릴 적에는 삶의 방향성이 번쩍 떠오를 줄 알았다. 하지만 시간이 지나면서 깨달았다. 비전은 갑자기 내리치는 번개가 아니라, 오랜 시간을 거쳐 서서히 선명해지는 별빛 같다는 걸. 내 삶의 비전은 아주 어린 시절부터 경험한 불만들이 차곡차곡 쌓여 만들어졌다. 일상에서 드는 의문들을 '내가 해결해야 하는 문제'로 정의했다. 왜 이런 불편을 느꼈는지, 이 문제를 줄이려면 무엇을 해야 하는지 하나하나 짚어보았다. 그 고민의 흔적이 가장 또렷이 남아 있는 곳은 일기장이다. 글을 쓰며 스스로에게 질문을 던졌고, 탐구의 시간을 거쳐 나만의 등대를 조각해 나갔다.

그래서 6장은 조금 특별하게 구성했다. 비전을 찾는 법을 직접 설명하기보다는, 내가 비전을 찾아가는 방식을 보여주기로 했다. 10대 시절부터 서른 살이 되기까지, 약 20년의 여정을 소개하지만 과정은 최대한 간략하게 핵심만을 중심으로 풀었다. 그 발자국을 따라 함께 걷는 동안 독자분들이 스스로에게 질문을 던질 수 있기를 바란다. 그 질문들이 모여 당신만의 북극성을 가리키는 데 힌트가 되기를 바라며 시작해본다.

불만이 주관이 되기까지

10대 때는 점수와 입시 결과에 따라 인생의 경로가 판가름 난다는 위계화된 사회 통념에 길들여져 있었다. 그렇다고 불만이 없었던 것은 아니었다. 타고난 기질이 승부욕이 강한 데다 자율성도 높아 초등학생 때부터 어렴풋한 이질감을 느끼곤 했다. 왜 어른들 말에 순종해야 하는지 의문이 들었고, 공감받기는커녕 규율만 지켜야 하는 현실을 납득할 수가 없었다. 그런 마음을 매일 일기에 털어놓으며, 그 과정에서 내 생각이 조금씩 자리를 잡아가기 시작했다.

비교적 생각을 자유롭게 표현할 수 있던 예고에 들어가고 나서부터 나는 이러한 생각을 좀 더 구체화하기 시작했다. 예술은 본질적으로 자신의 세계를 표현하는 학문이기에 예고에서는 서로 다른 생각도 존중하는 분위기가 형성되어 있었다. 1학년 때 입시 공부에 유별난 반항심이 생긴 나는, 방학 동안 '영감을 얻어야 한다'는 핑계를 대며 영화나 전시를 보고 포스트잇에 감상을 적어 벽에 붙였다. 이 메모는 50장 가까이 쌓였고, 방문에는 "내 인생을 살자"는 문장을 매직으로 써놓기도 했다.

2학년이 되어 전공을 선택할 때 고민 없이 '서양화과'를 택했다.* 내 가치관이나 사고방식이 서구권의 흐름과 더 맞닿아 있다고 여겼기 때문이다. 그리고 그 시기, 은사님을 만나며 인생의 전

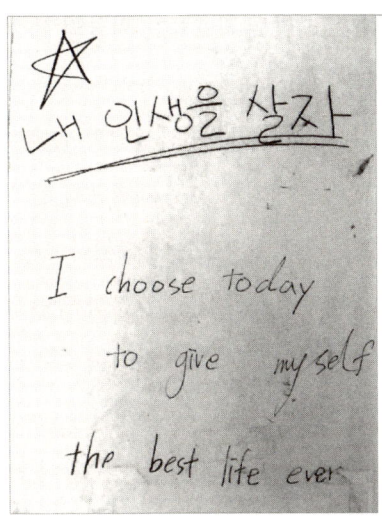

고등학생 때 방문에 적어놓은 문구

환점을 맞았다. 일단 선생님은 아침마다 두 개의 신문을 교차해 읽는 나를 요상하게 보지 않았다. 오히려 궁금해하며 "오늘은 재미있는 뉴스 없냐"고 관심을 보이시기도 했다. 사회 구조에 불만이 많았던 나는 다양한 관점을 이해하고자 상반된 성향의 신문 두 종을 동시에 구독했고, 같은 사건을 서로 다르게 해석하는 헤드라인을 관찰하는 일이 즐거웠다.

2학기가 되자 선생님은 일주일 치 계획표를 만들어 매주 월요

---

* 이름 때문에 많은 사람들이 서양화과에서는 유화나 아크릴, 수채화 같은 매체만 다룬다고 생각한다. 하지만 서양화과는 서양에서 발생한 시각 매체를 다루는 학문으로 유화뿐만 아니라 영상, 설치, 사진, 판화 등을 포괄한다. 당시 난 데이비드 라샤펠의 작품을 좋아했고, 결국에는 사진이나 영상 매체를 활용해 내 메시지를 전하고 싶었다.

일마다 나눠주셨다. A4 한 장에 그려진 계획표에는 위클리 플랜을 비롯해 나에게 전하는 메시지message to myself, 아이디어 메모idea memo, 이번 주 평가evaluation this week, 그리고 선생님의 코멘트comments 란으로 구성돼 있었다. 나는 일기를 쓰듯 계획표를 채우고 그림이나 기사를 오려 붙이며, 매주 계획표를 제출했다. 그럼 선생님이 코멘트를 통해 내 생각에 반응해주셨고, 질문과 답변을 주고받는 그 과정에서 막연했던 불만이 또렷하게 갈리며 주관으로 세공되었다.

고3이 되어 담임선생님이 바뀐 뒤에도 나는 이전 선생님이 만들어주셨던 계획표를 변형해 계속 사용했다. 힘들 때면 선생님을 찾아가 조언을 구하고, 수험 생활을 하며 힘들 때마다 선생님에게 편지를 써서 모았다. 그 편지들과 일기 일부를 모아 직접 겪은 책을 졸업 선물로 드렸고, 지금도 선생님은 그 서랍을 간직하고 계신다고 한다.

예고의 선생님들은 대체로 학생들을 존중했다. 작품을 매개로 소통할 일이 많다 보니 작품 너머에 담겨 있는 개개인의 생각을 이해하는 눈치였다. 그런 학풍 아래에서 진솔하게 나를 관찰하고 드러낼 수 있었다. 호기심이 많은 내게 정성껏 답해주는 어른들 덕분에, 공부를 하면 할수록 세상에 변화를 일으키고 싶다는 꿈이 커졌다. 꿈과 욕심과 독기가 맞물려 스스로 박차를 가했고, 결국 난 어린 시절부터 갈망했던 서울대학교에 합격했다.

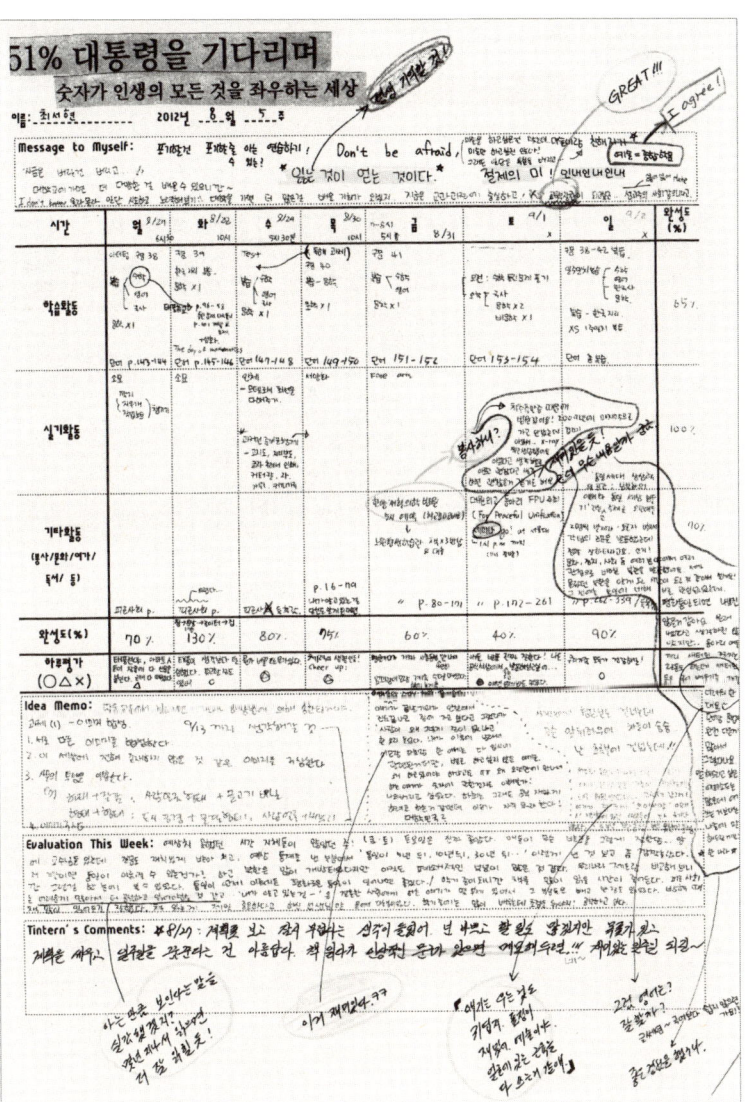

선생님과 주고받은 계획표

고3 때의 꿈

잠을 줄이며
공부한 시간들

평가와 개선점 피드백

교육제도에 대한 불만

아트 스토리텔러를 꿈꾸며

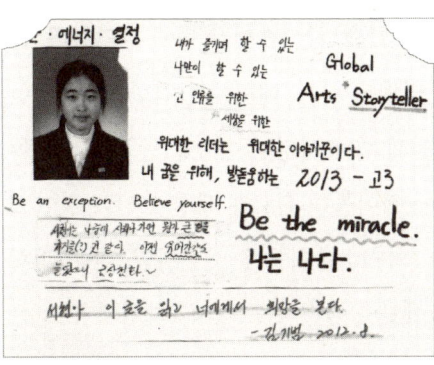

독서실에 붙여놓은 다짐

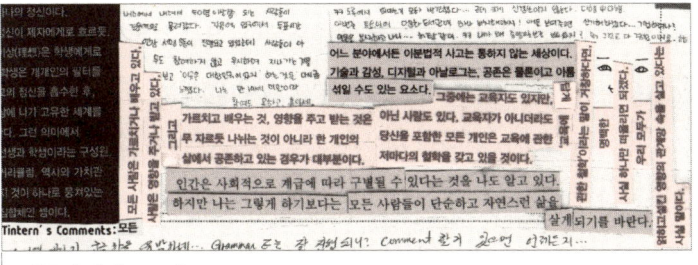

신문과 잡지 스크랩

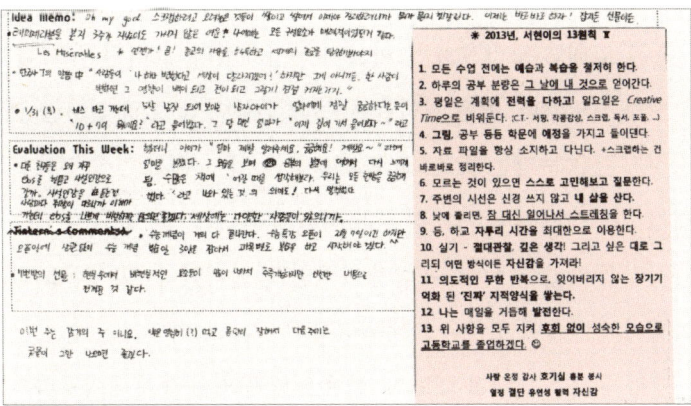

수험생 때 스스로 세운 원칙

그러나 대학교에서는 고등학교와는 또 다른 벽에 부딪혔다. 줄곧 교육 시스템에 불만이 많았던 나는, 대학에 합격한 뒤 학내 언론 동아리에 들어가 선배들과 함께 다양한 이슈를 탐구하며 시야를 넓혔다. 그러나 3학년에 접어들며 진로에 대한 고민이 깊어졌다. 친구들은 하나둘 취업하거나 유학을 준비했지만, 나는 내게 더 맞는 전공이 있을지 알아보고 싶었다. 그래서 1학기에 주 전공 수업을 하나도 신청하지 않고 컴퓨터공학과, 인류학과, 국사학과, 철학과 같은 전혀 다른 과들의 수업을 듣기로 결정했다.

교육부장관과 아트 스토리텔러를 꿈꿨던 10대 시절을 지나, 성인이 된 나는 PD가 되려다가, 영화감독이 되고 싶었다가, 창업을 해야겠단 생각이 들었다. 아니, 안정적인 직장에 들어가고 싶기도 했다. 자고 일어나면 희망 진로가 바뀌었고, 일기장에는 더 많은 고민들이 쌓여갔다.

진로 고민을 하면 할수록 마음이 복잡해졌다. 그러던 어느 날, 불현듯 깨달았다. 어떤 선택을 하든 그 선택이 내 삶의 전부를 결정짓지는 않는다는 것을. 진로를 정하는 일이 마치 인생 전체를 결정하는 문제처럼 거대하게 느껴졌지만, 실은 한 발을 디디는 과정일 뿐이었다. 하고, 아니면 바꾸면 될 일이었다. 그 사실을 받아들이자 마음이 조금은 가벼워졌다.

그렇게 나는 결단을 내렸다. 한 학기를 꾸역꾸역 보내기보다는 학교 밖에서 하고 싶었던 것들을 하며 직접 부딪쳐보기로. 불확실한 미래는 여전히 두려웠지만 그 두려움이 새로운 기회의 문을 열어줄지도 모른다는 기대도 품고 있었다. 휴학을 하고 그동안 '할까 말까' 고민했던 것들을 '하기로' 했다. 이 선택이 어떤 결과를 가져올지는 알 수 없었다. 하지만 머릿속에 맴돌던 것들을 일단 실행하고 싶었다. 그 길에서 무엇을 발견할지는 모르지만, 걸어 나가야만 주울 수 있는 솔방울이 있을 거라고 믿었다.

마인드과외의 탄생

'해야 하는' 일들에서 잠시 벗어난 나는 '하고 싶은' 일들을 과감하게 실행했다. 그중에서도 '마인드과외'는 내 문제의식을 시험해본 첫 무대였다. 더 높은 점수를 받기 위해 달리면서도, 정작 자신이 누구인지, 무엇을 좋아하고 잘하는지, 왜 공부하는지는 모르는 학생들. 10대 시절, 학교는 앞으로 나아가라고만 했지, 멈춰서 생각할 시간을 주지 않았다. 그래서 내가 직접 겪고 체득한 과정을 바탕으로 자기 발견과 성장을 돕는 4주짜리 커리큘럼을 만들었다. 이후 포스터를 만들고 300장 뽑아서 학교 근처 아파트들의 관리사무소에 일일이 찾아가 승인을 받고 붙이며 홍보했다.

반응은 예상보다 뜨거웠다. 특히 부모님들의 만족도가 높았다. 진로의 방향을 못 잡던 아이가 진로를 찾고 확신이 생기니 저절로 공부에 몰입했다. 공부에 몰입하니 성적이 올랐고 스스로 목표를 세우며 학습했다. 나는 이 커리큘럼을 학교 상담 센터 선생님께 보여드렸다. 선생님은 감탄하며 "이런 교육이 더 많아져야 한다"고 뜻깊은 칭찬을 해주셨다. 하지만 한계도 있었다. 과외 방식을 고수하면 내가 직접 대면하여 모든 학생들을 가르쳐야 했다. 이 프로그램을 널리 확산시키려면, 보다 체계적인 방법과 시스템이 필요했다.

1년간의 휴학이 끝나갈 무렵, 마인드과외를 더 단단하게 만들 수 있는 방법을 고민했다. 학생들의 성장을 돕는 교육이 개별 과외를 넘어서 사회적 구조 안에서 지속 가능하려면 어떤 조건이 필요한지 연구하고 싶었다. 그래서 사회복지학과 수업을 들으며 시스템 전반을 공부했고, 동시에 운영상의 어려움을 해결하고자 2017년 말엔 사회적 기업을 창업하는 경영학회에 들어갔다. 그곳에서 시각장애인 일자리 창출 프로젝트, 국내 대회 준비, 교육 콘텐츠 개발 프로젝트 등에 참여하며 다양한 경험을 쌓았다. 이 과정을 통해 주로 사회에 머물러 있던 시선이 비즈니스로 옮겨왔다. 창업을 통해 더 넓고 지속적인 변화를 만들 수 있겠다는 가능성을 보았다.

그래서 2018년 여름, 벤처경영학과에 진입했고 창업과 스타트업 생태계를 본격적으로 탐구했다. 자연스럽게 진로의 방향도 창업 쪽으로 기울었다. 벤처경영학과의 분위기는 또 완전히 달랐

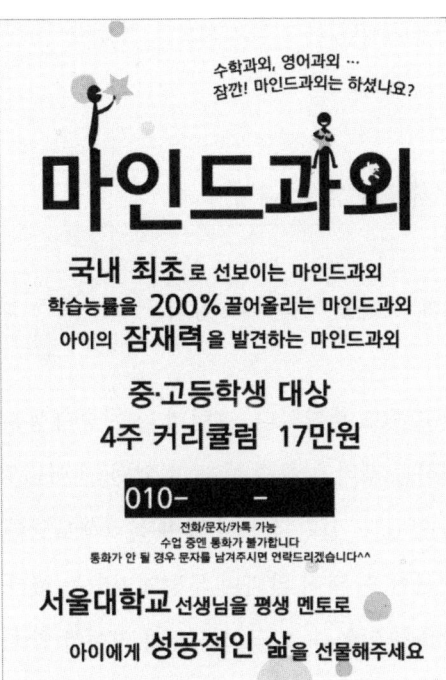

당시 마인드과외 포스터

다. 여기 속한 친구들은 각자의 문제의식으로 "어떻게 가치를 창출하고 시스템화할 것인가"를 고민했다. 이미 창업해 성공 궤도를 달리고 있는 선배들도 많았다.

그렇게 나는 다시 한번 방향을 틀었다. 교육과 언론에 있던 관심이 사회 문제의 해결로 연결되고, 그 해결 과정을 고민하다가 사업의 세계에 들어서기로 했다. 한 걸음씩 나아갈수록 관심과 시야가 선명해졌다. 그리고 이 흐름 속에서 '나'라는 사람 자체가 달라지고 있다는 걸 느꼈다. 그 변화는 이름에서도 드러났다.

'서현'이 '이솔'에게

최서현. 할머니가 나에게 지어준 이름이다. 상서 서(瑞), 옥돌 현(玹).

별 놀림도 받지 않았고 뜻도 괜찮았다. 그런데 나는 중학생 때부터 이름을 바꾸고 싶다는 생각을 종종 했다. 싫었던 건 아니었지만 약간 아쉬운 데가 있었다. 일단 직선이 많아 복잡해보였다. '최'에도 획이 많은데, '서현'도 획이 많다며 투덜거리고는 했다. 이 불평에는 나름의 이유가 있었다. 외국인과 전화 영어를 할 때면 'Choi'도, 'Seohyun'도 발음하기 어려워 해 '초이… 세…훈?' 쯤으로 읽히는 게 답답했다.

이런 작은 넋두리들을 10년 동안 품고 있다가, 유튜브 채널을 운영할 계획을 세우며 다시 개명에 대한 고민이 살아났다. 이름을 검색했을 때 내가 상단에 뜨길 바랐다. 어디서든 내 이름을 들었을 때 나를 떠올릴 수 있는 이름을 갖고 싶었다. 그래서 개명을 결심했다. 나에게 가장 어울리는 이름을, 내가 직접 지어주고 싶었다.

우선 부모님에게 말씀드렸다. 엄마는 처음에 조금 서운해하는 눈치였다. "할머니가 지어주신 이름인데 꼭 바꿔야겠어?"라고 조심스레 물으셨다. 하지만 아빠는 달랐다. "한 번 사는 인생인데 하고 싶은 대로 해야지." 개명을 적극적으로 지지해주셨다. 사실 나는 부모님이 반대한다고 해서 쉽게 뜻을 굽힐 타입은 아니었고, 부모님께 차근차근 이유를 설명했다. 이건 앞으로 살아갈 삶의 방향과도 연결되는 문제라고. 나를 더 잘 드러낼 수 있는 이름, 내 정체성이 깃든 이름을 갖고 싶다고. 그렇게 몇 번 대화를 나눈 끝에 엄마도 결국 고개를 끄덕였다. "그래, 네가 더 좋아하는 이름이면 그걸로 바꾸렴." 이제 남은 건 새로운 이름을 찾는 일이었다.

새나. 이솔. 이랑. 이담. 유일.

몇몇 이름들을 적고 반복해서 읽어보았다. 가족과 친한 친구들에게도 물어봤다. 그렇게 몇 주간의 고민 끝에 후보를 추렸다.

소나무의 기상과 품위를 이루다, 이솔.

마음에 들었다. 뜻도 좋았고, 간결한 '이'가 중앙에 들어간 점도 좋았다. 이름을 정하고 인스타그램과 유튜브, 포털 사이트에 검색해보았다. 마침 'isolchoe'라는 이름은 아무도 사용하지 않고 있었다. 짝대기나 숫자, 점 없이도 온전히 이름을 사용할 수 있다는 사실에 기뻤다. 이후 3개월 남짓의 시간 동안 새 이름을 읊으며 확신을 얻었다.

최이솔. 이 이름 안에는 내가 바라는 삶의 태도와 방향성을 담았다. 소나무는 계절이 바뀌어도 늘 푸르다. 추운 겨울에도 흔들리지 않고, 묵묵히 제 자리를 지킨다. 나도 그런 존재이고 싶었다. 외부의 기준이나 유행에 휩쓸리지 않고, 나만의 뿌리를 깊이 내리는 사람. 때때로 세상의 속도에 밀려 휘청일지라도, 금세 다시 중심을 잡고 일어서는 사람. 그저 내 자리에서 주변을 은은하게 물들이며, 누군가에게는 조용히 기대어 쉴 수 있는 나무 한 그루 같은 사람. '이솔'에 담긴 이 뜻은 내가 오래도록 지키고 싶은 태도이자, 나답게 살아가겠다는 다짐 그 자체였다.

'나다운' 성공을 이루려면

성공이라는 궤적

성공을 이야기할 때 흔히 떠올리는 이미지가 있다. 대중이 인정하는 삶, 수억 원의 연봉, 안정적인 지위, 넓은 집, 좋은 차. 이런 것들이 성공한 삶의 대표적인 모습처럼 여겨진다. 하지만 과연 모든 사람에게 사회적 성공이 곧 나다운 성공일까?

어떤 사람은 억대 연봉을 받으며 많은 사람들에게 인정받는 삶을 살면서도 허무함을 느낀다. 반면, 월 400만 원을 벌면서 좋아하는 사람과 고양이와 도란도란 살며 마음의 평온을 느끼는 사람이 있다. 그렇다고 해서 모든 사람이 소박한 삶에서 만족을 느끼는 것도 아니다. 또 다른 사람은 자신이 만든 제품이 전 세계에서 쓰이고, 거대한 프로젝트를 이끄는 성취감 속에서 삶의 의미를 찾을 수도 있다. 반대로, 한적한 삶을 꿈꾸며 직장을 그만뒀지만 막상 안정적인 수입이 사라지자 불안에 시달리는 경우도 있다. 사람마다 만족을 느끼는 지점이 다르다.

사회에 널리 퍼진 성공의 이야기들은 종종 하나의 길만이 옳은 선택인 것처럼 말한다. 하지만 사람마다 성공의 방식과 의미는 다를 수밖에 없다. 우리는 누군가의 성공 공식을 따라 하면 비슷한 결과를 얻을 수 있으리라 기대하지만, 그 공식은 그 사람의 환경, 성격, 재능, 기질, 가치관, 그리고 수많은 우연이 얽혀 만들어진 것이다. 결국 중요한 질문은 하나다.

"나는 어떤 삶을 살고 싶은가?"

이 질문을 던지는 것만으로도 우리는 나다운 성공에 가까워진다. 나는 어떤 조건이 갖춰졌을 때 만족스러운지, 무엇이 나에게 의미 있는 삶인지, 어떤 방식으로 성공하고 싶은지 고민하는 순간부터 나만의 방향이 서서히 잡혀간다.

성공을 사전에 쓰인 것처럼 '목적하는 바를 이룸'으로 정의한다면, 나는 살아오면서 여러 번 성공을 경험했다. 그리고 그 과정에서 내가 진짜 얻은 것은 따로 있다.

나와의 약속쯤은 거뜬히 지킬 수 있다는 '자기 신뢰', 수많은 시도를 반복하며 키운 '자기 효능감', 어려운 상황에서도 금방 균형을 되찾는 '회복 탄력성'에 더해, 꾸준하게 하다 보면 결국 길이 선명해진다는 걸 배웠고, 그 과정에서 자연스럽게 '끈기'와 '집요함'이 생겼다. 갖가지 시행착오를 겪을 때마다 스스로에게 되물으며 '자기이해력'이 자랐고, 부족한 면도 나의 한 모습이라고 수용하는 '자기 사랑'이 깊어졌다. 혼자를 넘어 다른 사람들과 협력하는 과정에서 더 큰 힘을 낼 수 있다는 걸 배우며 '연대의 가치'를 깨달았다.

겉으로 보이는 성공도 의미 있지만, 결국 더 오래 남는 건 그걸 이루는 과정에서 내가 축적해온 변화들이다. 목표를 이루는 과정에서 깨지고 배우고 성장한 것들, 내가 어떤 태도로 문제를 해결했는지, 어떤 경험이 내 사고방식을 확장시켰는지가 곱절로 중요하다.

처음 세운 목표는 변할 수 있다. 목표를 세울 때는 실제로 경험해보지 않은 상태에서 기대와 상상만으로 결정하는 경우가 많기 때문이다. 그런데 목표가 바뀌었을 때 '그동안 해온 게 다 무의미한 게 아닐까?'라는 고민에 빠지는 사람들도 많다. 방향을 틀면 이전에 쌓은 경험이 쓸모없는 것처럼 느껴질지 모른다. 하지만 실제로는 결코 그렇지 않다. 일단, 그때의 경험이 있기 때문에 목표를 바꿀 수 있는 것이다. 그러니 그 모든 경험들이 나를 더 잘 알게 도와주는 단서가 된 셈이다. 게다가 과거의 경험은 나도 모를 때 튀어나와 지혜를 가져다주기도 한다. 목표는 바뀔 수 있지만 그 과정에서 쌓은 것들은 사라지지 않는다.

성공은 결과가 아니라 궤적이다. 그 궤적 위에서 내가 얼마나 기쁨을 느꼈는지, 어떤 감정으로 하루하루를 살아냈는지가 결국 삶의 질을 결정한다. 과정을 즐기면 결과는 따라온다. 무리해서 나를 몰아세우기보다, 내가 편안하고 만족스러운 방식으로 기쁨과 재미를 느끼며 나아가는 것. 그렇게 나다운 매일을 쌓아가는 여정 속에서 나다운 성공이 만들어진다. 이제 '나다운 성공'을 이루기 위해 어떤 요소들이 필요한지 하나씩 알아보자.

재능: A+B+C

우리는 자신만의 재능을 찾고 싶어 한다. 이는 순전한 호기심 때문만은 아니다. 사람들은 재능이 삶의 방향을 정해줄 것이라 믿는다. 만약 나에게 잘 맞는 일을 찾을 수 있다면 그것을 더 즐겁고 능숙하게 해낼 수 있을 것 같고, 자연스럽게 인정과 보상도 따라올 것이라 생각한다. 또한 자신만의 강점을 발견함으로써 타인과 차별화되는 무기를 갖고 싶어 하기도 한다. 결국 재능을 찾고자 하는 마음은, 더 나답게 일하고 싶다는 바람과 맞닿아 있다.

그렇다면, 재능이란 무엇일까? 그리고 내게 최적인 일은 어떻게 발견해야 할까? 나의 경우를 사례로 들어 함께 그 답을 찾아보자.

중학교 2학년 12월, 미술을 처음으로 시작하며 커터 칼로 연필을 깎는 법부터 배웠다. 원장님은 첫 상담 때 "지금 시작해서 좋은 학교에 가기는 어렵다"고 말했다. 그런데 미술을 시작하고 3개월쯤 지났을 무렵, 다른 친구들보다 월등한 성적을 받았다. 학원에는 초등학생 때부터 미술을 해온 친구도, 예중을 다니는 친구도 있었다. 나는 빠르게 그 친구들을 따라잡았고 앞서기도 했다. 잘하니 재밌었고, 재밌으니 더 잘하고 싶어졌다. 머리보다 손이 먼저 배우는 듯했다. 처음으로 내게 재능이 있다는 생각이 들었다.

그렇게 미술을 시작하고 나서는 말 그대로 미술에 미쳐 살았다. 학교가 끝나자마자 미술 학원에 가서 밤 10시까지 그림을 그렸다. 주말과 방학에는 열두 시간씩 죽치고 앉아 그림을 그렸다. 학원에서 기절해 병원에 실려가기도 했다. 실력이 향상되면서 좋은 학교에 가고 싶다는 욕심도 커졌다. 그러려면 공부도 잘해야 했다. 그렇게 나의 중학교 3학년은 미술과 공부 오로지 두 가지로 채워졌다. 그리고 미술을 시작한 지 1년도 되지 않아 서울예고에 합격했다.

내가 미술을 '시작'하지 않았다면, 이 재능을 발견할 수 있었을까?

설령 처음에 낌새가 보였어도 '몰입'하지 않았다면, 이렇게 잘했을까?

노력을 '지속'해서 하지 않았다면, 실력이 켜켜이 쌓였을까?

이런 질문들을 던지며 나는 결국 재능도, 발견과 노력과 시간의 상호작용 속에서 빛을 발한다는 걸 깨달았다. 재능은 거저 주어지는 선물이 아니다. 발견하는 것이 시작이라면, 그 재능을 제대로 빛나게 만드는 것은 그다음 과정을 통해 이뤄진다. 한 사람의 재능이 환하게 반짝여 '자기만의 일'로 이어지려면 세 가지 과정이 필요하다. 이를 A+B+C, 즉 '쉽게+잘+오래'로 소개한다.

A. 재능을 발견하는 과정
'쉽게' 이끌리는 일을 관찰한다

사람들은 "나는 아무런 재능이 없어"라고 말하고는 한다. 하지만 누구나 한 가지는 잘하는 게 있다. 알아차리지 못했을 뿐, 이미 나에게 자연스럽고 익숙한 것들 사이에 재능이 숨어 있을지도 모른다.

재능을 찾으려면 '나는 어떤 분야에서 두각을 보이는가?'라는 질문을 넘어서야 한다. 분야로만 접근하면, 수학이나 과학, 음악, 스포츠 같은 것들만 떠올리게 된다. 하지만 재능은 특정 분야에 국한되지 않는다. 능력, 감각, 태도, 사고방식, 관계 맺는 방식 등 다양한 측면에서 발견될 수 있다.

재능은 그 사람이 집중해서 노력해야 하는 영역과 방향을 알려준다. 대체로 타고남에서 출발하기 때문에 분명히 자연스러운 이끌림을 수반한다. 재능이 있는 곳에는 마치 배가 고프면 밥을 찾게 되는 것처럼 본능적으로 끌릴 수밖에 없다. 그래서 이끌림을 알아차려야 하는데, 쉽게 손이 가는 일부터 해보는 게 좋다. 다른 것에 비해 선택이 쉬운 일, 자연스럽게 하게 되는 일. 그 일이 내 재능과 연결돼 있을 확률이 높다.

매우 현실적인 사람에게 "소설의 다음 내용을 상상하세요"라고 하면 어려울 것이다. 대신 "내일 일정을 계획하세요"라고 하면 '소설의 다음 내용을 상상하는 것'보다는 쉬울 테다. 반대로 즉흥적인 사람에게 "일정을 철저히 계획해 여행하세요"라고 하면 부담스러울 것이다. 반면 "발이 닿는 대로 여행하세요"라고 하면 비교적 쉽게 시작할지 모른다. 이런 걸 찾는 것이다. 이때는 나도 모르게 계속 반복하는 일을 관찰하면 힌트를 얻을 수 있다. 우리는 어려운 걸 쉬이 지속하지 않기 때문이다. 그래서 비교적 쉽게 시도하게 되는 것들을 관찰하면 재능을 찾을 수 있다.

이 재능은 역량에서도 드러난다. 나는 실행력이 매우 좋다. 생각이 떠오르면 바로 행동으로 옮긴다. 사람들은 내 실행력에 놀라곤 하지만 나에겐 실행하는 게 실행하지 않는 것보다 편하다. 실행이 크게 어렵지 않다. 그래서 단점도 있다. 겪지 않아도 되는 시행착오를 겪을 때가 있다. 그럼에도 빠르게 실행하고 과정에서 배우는 편을 선호한다.

반면, 신중함이 역량인 사람도 있을 것이다. 그런 사람에겐 빠르게 실행하는 게 스트레스가 될 수 있다. 신중함이 재능인 사람은 실행하기 전에 철저히 계획을 세우고, 예상되는 문제를 미리 파악하고, 실수를 줄이기 위해 데이터를 모은다. 이런 사람들은 더 많은 경우의 수를 헤아릴 수 있다. 어떤 사람에게는 '빠르게 행동하는 것'이 재능이고, 어떤 사람에게는 '치밀하게 준비하는 것'이 재능이다.

그러니 너무 억지스럽고 어려운 일은 내 일이 아닐 수 있다. 어떤 일은 하면 할수록 버겁고 꾸준히 노력해도 도무지 늘지 않는 느낌이 들기도 한다. 이 차이를 감지하는 것이 핵심이다. 어떤 일을 3개월에서 6개월 이상 성실히 노력했음에도 실력이 '전혀' 늘지 않는다면, 노력 부족이라기보다 그 일이 본인의 강점과 맞지 않을 가능성이 크다. 그럼 노력해도 안 되는 것에 집착하기보다는, 노력이 더 잘 통하는 것을 찾아보는 것도 현명한 방법이다. 그 모든 선택이 재능을 발견하는 과정이기 때문이다.

또, 재능을 물색할 때는 명사가 아닌 동사로 찾는 게 좋다. "꿈은 명사가 아니라 동사여야 한다"라는 말이 있다. 이 얘기는 재능을 말할 때도 똑같이 적용된다. 예를 들어 "수학에 재능이 있다"라는 말은 이런 동사로 바꿀 수 있다.

- 패턴을 찾아내는 능력이 뛰어나다.

- 복잡한 문제를 단계적으로 해결한다.
- 데이터를 분석하고 최적의 방법을 찾는다.
- 수치에서 통찰을 얻어 미래를 예측한다.

그럼 수학에 재능이 있는 사람은 수학자가 될 수도 있지만, 데이터 분석가, 금융 전문가, 인공지능 개발자, 게임 경제 디자이너, 전략 컨설턴트 등이 될 수도 있다.

거꾸로 동사에서 명사로 생각하는 것도 마찬가지다. 나는 "가르치면서 상대를 북돋는 걸 잘해"라고 하면, 흔히 '학교 선생님'이라는 직업을 먼저 떠올릴지 모른다. 하지만 가르치는 능력을 활용할 수 있는 길은 수없이 많다. 누군가는 유튜브에 영상을 올리는 교육 콘텐츠 크리에이터가 될 수도 있고, 글로 개념을 쉽게 설명하는 작가가 될 수도 있다. 교수, 코치, 강사, 개인 과외 지도자뿐만 아니라 HR이나 조직 관리 역할을 하며 팀원들을 성장시키는 것도 넓은 의미에서는 가르치는 일이라고 볼 수 있다. 같은 재능이 있다 하더라도 그걸 활용하는 방식이 사람마다 달라질 수 있다. 비슷한 예시를 몇 개 더 보자.

"나는 새로운 것을 조합하는 걸 잘해."

➡ 제품 기획자가 되어 혁신적인 상품을 만들 수도 있고, UX 디자이너로 일하며 사용자 경험을 설계할 수도 있다. 요리 전문가로

다양한 재료를 조합해 레시피를 만들 수도 있고, 작곡가가 되어 새로운 음악을 창작할 수도 있다.

"나는 사람들의 이야기를 듣는 걸 잘해."

➡ 상담사나 심리학자가 될 수도 있고, 인터뷰어, HR 담당자, 혹은 콘텐츠 크리에이터로서 다양한 사람들의 이야기를 기록하고 전달하는 역할을 할 수도 있다.

"나는 상대를 설득하는 걸 잘해."

➡ 영업이나 마케팅 분야에서 두각을 나타낼 수도 있고, 스피치 강사가 되어 사람들에게 말하는 법을 가르칠 수도 있다. 심지어 변호사, 정치가, 협상 전문가들도 설득하는 능력을 핵심 역량으로 활용한다.

"나는 문제를 해결하는 걸 잘해."

➡ 경영 컨설턴트, 소프트웨어 개발자, 데이터 분석가, 콘텐츠 기획자 등이 다양한 직업군에서 문제 해결 능력을 활용한다. 문제를 해결하는 과정 자체를 즐기는 사람이라면, 업종에 관계없이 다양한 선택지가 열려 있다.

이처럼 재능을 찾을 때 중요한 것은 명사가 아니라 동사다. 명사를 먼저 떠올리면 자신이 가진 능력의 다양한 가능성을 좁히는 오류를 범할 수도 있다. 내가 쉽게 손이 가고 남보다 잘하는 행동(동사)이 무엇인지 먼저 고민해보는 것이, 재능을 발견할 때 기억해야 할 점이다.

B. 재능을 키우는 과정
'잘'하도록 갈고닦다

처음에 발견한 재능은 원석과 같다. 원석은 그 자체로도 가치가 있지만 제대로 세공될 때 더욱 빛을 발한다. 재능 또한 마찬가지다. 활용하지 않으면 녹슨다. 재능을 발견한 뒤 계속해서 키워나갈 때, 그것은 점차 나만의 빛과 색깔을 가진 강력한 무기가 된다.

글을 쓰는 것에 남들보다 쉽게 이끌리는 사람이 있다고 해보자. 남들은 글을 쓰는 게 어렵다고 하는데, 그 사람에게는 글을 쓰는 게 할 만하다. 그럼 처음에는 취미로 글 쓰는 걸 시작할 수 있다. 그렇게 한두 편씩 블로그에 글을 올렸는데 사람들이 조금씩 찾아온다. 그의 글이 마음에 와닿았다고 댓글을 남기는 독자도 있다. 이쯤하고 멈추면? 글을 쓰는 능력은 더 성장하지 않을 것이다.

그런데 이 사람이 글쓰기를 더 갈고닦아 스토리텔링을 연구하고, 독자와의 소통 방식을 고민하고, 캐릭터를 입체적으로 살리고, 표현력을 연마한다면? 그 글은 더 많은 사람들에게 가닿는 힘을 갖게 된다. 점점 그 글을 원하는 사람들이 많아지면, 자본주의의 가치 교환 수단인 '돈'을 받고 글을 쓰게 될 수도 있다. 나아가 자아실현도 할 수 있다. 그럼 글을 쓰는 행위가 기록에서 그치는 게 아니라 내 삶을 원하는 방향으로 이끌어갈 도구가 된다. 이렇게 재능을 키우는 단계에서는 아래의 질문들을 던지면 도움이 된다.

- 나는 이 재능을 어떻게 활용할 수 있을까?
- 재능을 어디까지 발전시킬 수 있을까?
- 이 재능이 정교해지면 나는 어떤 삶을 살게 될까?
- 비슷한 재능을 가진 사람들 중에서도 나만의 강점은 무엇인가?
- 재능을 발전시키기 위해 필요한 훈련은 무엇인가?

많은 사람들이 자신이 잘하는 것을 발견한 뒤 어느 정도 수준에 도달하면 실력 향상을 멈추고는 한다. 하지만 재능을 키우는 과정은 한계에 도달하기까지 상상 이상으로 깊고 긴 성장의 시간이 필요하다. 특정 수준까지 도달한 후 멈추지 않고 더 깊이 파고들수록 그 재능은 더욱 선명해진다.

C. 재능을 연마하는 과정
결국은 꾸준하게 '오래'

어떤 사람들은 타고난 재능을 너무 강조하는 나머지, 노력이 의미 없다고 여긴다. 하지만 우리는 종종 타고난 천재라 불리는 사람들이 보이지 않는 곳에서 얼마나 많은 연습을 했는지를 간과한다.

- 타이거 우즈는 세 살 때부터 골프 연습을 시작했다.
- 모차르트는 여섯 살부터 작곡을 했지만, 그의 명곡들은 모두 이십 대 이후에 나왔다.
- 픽사의 최고 히트작들은 모두 5년 이상 다듬어진 이야기들이다.
- 오프라 윈프리는 25년 넘게 매주 방송을 이어가며, 자신의 영향력을 끈질기게 다듬고 쌓아올렸다.
- J.K. 롤링은 『해리포터와 마법사의 돌』을 쓰는 데 7년이 걸렸고, 출판사에서 열두 번 거절당한 끝에 책이 세상에 나왔다.
- 헤밍웨이는 『노인과 바다』를 완성하기 전, 백 번 이상 다시 썼다.
- 코카콜라는 출시 첫 해에 하루 평균 아홉 병밖에 팔리지 않았다.

이들의 이야기가 증명하는 건 하나로 모인다. 타고난 재능이 있다면 출발은 빠를 수 있다. 하지만 그 재능이 최고 수준으로 발휘되려면 엄청난 연습이 필요하다. 그리고 결국 연습량도 비슷하다면 꾸준함이 차이를 만든다. 실력을 결정짓는 것은 얼마나 오래, 전략적으로, 정교하게 연습하는가에 달려 있다. 재능은 하나의 가능성일 뿐 그 가능성을 현실로 바꾸는 것은 반복된 시간과 노력이다. 이때는 노력하는 시간을 어떻게 지속 가능하게 만들 것인지도 중요하다. 꾸준함을 유지하기 위한 방법 몇 가지를 살펴보자.

- 작은 성취를 쌓아간다. 영어를 처음 배우는 사람이 재레드 다이아몬드의 『총 균 쇠』를 원서로 읽으려면 재미를 느끼기 전에 나가 떨어질 것이다. 점차 목표를 올려가야 한다. 작은 목표를 설정하고 매일 작고 짜릿한 성취감을 느껴야 오래 지속할 수 있다.
- 루틴화한다. 매일 정해진 시간에 연습하는 습관을 들이면 꾸준함이 쉬워진다. 루틴과 관련된 내용은 3장에서 자세히 확인할 수 있다.
- 성장 과정을 추적한다. 처음보다 나아진 자신을 인식하면 지속할 동력이 생긴다. 매일 어떤 방법으로든 기록하는 것도 좋다. 재능이 자라는 걸 몸소 체감하면 다음 성장이 기대될

것이다.

이제부터 '나는 특별한 재능이 없어'라고 생각하는 대신 '나는 무엇을 지속할 수 있는 사람인가?'라는 질문을 던져보자. 그 답을 찾아가는 과정이 나만의 재능을 만드는 길이 될 것이다.

열망
뜨겁지 않아도 빛나는

열망(熱望). 열렬하게 바람. 단어만 보면 뜨거운 감정을 떠올리게 된다. 통상 "열망을 가져라"라고 말할 때, 우리는 불타는 목표나 강렬한 동기 그리고 멈출 수 없는 추진력 같은 것들을 상상한다. 하지만 모든 열망이 불꽃처럼 격렬할 필요는 없다.

어떤 열망은 눈에 보이지 않는 불씨처럼 가늘게 이어진다.
어떤 열망은 아주 미세한 호기심에서 출발한다.
어떤 열망은 처음에는 희미하다가 차츰 선명해진다.
물론, 금방이라도 폭발할 것처럼 활활 타오르는 열망도 있다.
열망은 도리어 감정이 아니라 방향에 가깝다. 감정이 오르락내리락해도 방향이 명확하면 다시 나아갈 수 있다. 열망은 때로는 불타올랐다가도, 때로는 고요히 지속되며 삶을 이끈다. 그러니

"나는 열망이 없다"라고 고민하기보다는 "나는 어떤 방향으로 가고 싶은가?"라는 질문을 던져보자.

- 원하면 배울 수 있는 환경에 가고 싶었다.
- 어른들이 내 개별성을 존중하지 않음에 불만을 가졌다.
- 획일화된 교육에 대해서 문제의식을 가졌다.
- 중학생 때부터 줄곧 일기를 썼다.
- 무언가를 표현하는 것을 좋아했다.
- 모든 사람의 삶이 존중받아야 한다고 생각했다.
- 내 이야기를 공유하는 것에 흥미를 느꼈다.
- 사람들이 자신을 이해하도록 돕는 일이 즐거웠다.
- 누군가 위로를 받았다고 말할 때 뿌듯했다.

이 모든 것이 모여 지금 내 삶의 방향성을 만들었다. 지금은 내가 하는 여러 가지 일을 '사람들이 자기다운 삶을 살도록 돕는 일'로 정리해 설명할 수 있지만, 이렇게 한 문장으로 압축하기까지 오랜 시간이 걸렸다. 예나 지금이나 나의 열망은 한순간에 완성되지 않았다. 삶 속에서 느낀 것들과 경험이 누적되며 잔잔히 타올랐다.

당신은 '꿈이 없어'라고 고민할 수 있다. 그러나 조금 더 들여다보면 실은 꿈이 없는 게 아니라, 너무 크고 거대한 열망만 꿈이라고 착각하는 경우도 있다. 잘 먹고 잘 살고 싶은가? 그 또한 열망이 될 수 있다. 그럼 이제 '어떻게' 먹고 살 것인지, '무엇을' 하며 만족스럽게 살 것인지 생각하면 된다.

- 끌리는 책을 한 권 읽는 것
- 새로운 기술을 배우는 것
- 작은 프로젝트를 시도하는 것
- 아침에 신문을 읽는 것
- 관심 있는 분야의 강의를 듣는 것
- 기록을 시작하는 것
- 운동에 도전하는 것
- 가보지 않은 카페에 가는 것
- 좋아하는 사람과 대화하는 것
- 모임을 기획하는 것
- 취미를 체험하는 것
- 책 속 문장을 필사하는 것

이런 소소한 시도들이 열망의 씨앗이 될 수 있다. 작은 열망들이 모여 길이 되고, 방향이 되고, 삶이 된다. 그러니 불꽃처럼 뜨거운 열망이 없어도 걱정하지 말자. 그저 가볍게 시작하고 작은 관심과 호기심을 따라가 보자. 그 모든 것들이 모여 당신이 가고 싶은 방향을 보여줄 테니까.

환경
인정할 때 비로소

2016년 2월 23일 일기 중
저널 수습교육 뒤풀이하는데 엄마한테 카톡이 왔다. "아빠가 능력이 안 돼 가난하니 예쁜 딸 고생한다고 맘 아파하시넹~" 이 말에 이토록 가슴이 시리다.

궁핍한 가정환경이 원망스러울 때가 있었다. 가끔은 억울하기도 했다. 내 노력과 의지로 바꿀 수 없는 것들 앞에서 무력감을 느낀 순간들이 많다. 돈이 없어서 하고 싶은 걸 못할 때마다 답답함이 치밀어 올랐다. 노력하면 모든 걸 이룰 수 있다고 믿고 싶었다. 하지만 세상에는 아무리 애를 써도 바꿀 수 없는 것들이 존재한다.

어릴 때는 그런 환경적 한계를 순전히 받아들이지 못했다. 부유한 집안에서 태어나지 않음을 한탄하기도 하고, 일기장을 짠내나는 눈물로 가득 적신 때도 많았다. 하지만 일기 속 글자들이 얼룩질 때마다 결국은 하나의 깨달음을 떠올리게 되었다. 환경을 원망하는 건 나를 한 발자국도 나아가지 못하게 한다는 것을. 환경을 바꿀 수 없는 건 자명한 사실이었다. 그렇다면 내가 환경을 대하는 방식과 태도를 바꿔야 했다.

몇 년 전, 상담을 받을 때 집안에 대한 고민을 털어놓은 적이 있다. 그때 선생님은 이렇게 말씀하셨다.

"한 사람을 나무에 비유한다면, 집안에서 든든한 지원을 받은 아이는 어릴 때부터 나무의 뿌리가 깊숙이 자라요. 그럼 세상에 나가서 휘청거리더라도 쉽게 쓰러지지 않죠. 하지만 집안의 경제적 혹은 정서적 지원이 부족하게 자란 아이는 뿌리가 얕게 자란답니다. 이 아이는 세상에서 힘든 일을 겪을 때 쉽게 쓰러질 수 있죠.

그런데 우리는 집안을 바꿀 수 없어요. 그러면 어떻게 해야 하냐? 스스로 뿌리를 내려야 해요. 내가 나의 든든한 지원군이 되어서 나무의 뿌리를 깊고 강하게 만들어야 하죠. 이 과정은 분명히 어렵지만 할 만한 가치가 있을 거예요."

그랬다. 어쨌든 나는 삶을 계속 살아야 하고, 앞으로의 삶을 어떻게 만들어나갈지는 나에게 달려 있었다.

부모님은 경제적으로 풍족하진 않았지만 자식들의 선택을 존중해주셨다. 어릴 때부터 주체성이 강했던 나는 부모님의 반대가 있어도 결국 내 의지를 밀어붙이곤 했다. 두 분은 이를 일찍이 깨닫고 어느 순간부터 선택의 주도권을 나에게 주었다. 예고에 합격한 이후부터 부모님은 일절 내 선택에 관여하지 않았다. 대학교를 다니는 동안 한 번도 "졸업하고 뭐 할 거니?" 같은 질문을 들어본 적이 없다. 부모님은 항상 내가 '알아서 잘할 것이다'라고 믿었다. 나는 그런 믿음에 답하기 위해 끊임없이 노력했고, 그러면서 내 뿌리는 점점 더 깊고 단단해졌다.

그럼에도 불구하고 여전히 가끔 환경이 야속하게 느껴질 때가 있다. 하지만 이제는 그 감정에 오래 머무르지 않는다. 삶의 방향을 스스로 정하며 살아왔고, 이러한 경험들이 앞으로도 나를 한 걸음씩 나아가게 할 것임을 알고 있기 때문이다.

노력

전략적인 발걸음

2015년 무렵 한국 사회에서는 '노오력'이라는 단어가 유행했다. "노력하면 다 된다"라는 식의 말이 너무 쉽게 소비되면서, 노력만으로는 어쩔 수 없는 한계를 경험한 사람들에게 반발심을 불러일으킨 것이다. 실제로 아무리 노력해도 넘을 수 없는 벽이 존재하기도 하고, 마냥 노력한다고 해서 원하는 결과를 얻는 것도 아니다. 하지만 그렇다고 해서 "노력해도 소용없어"라는 냉소로 빠지는 것도 위험하다. 노력으로 모든 걸 이룰 수는 없지만, 어떤 변화는 노력 없이는 절대 일어나지 않기 때문이다.

문제는 노력 자체가 아니라 노력의 방법이다. 바위 위에 씨를 뿌린다면 아무리 물을 주고 정성 들여 가꿔도 꽃이 피지 않는다. 무작정 반복하는 노력은 노동일 뿐이다. 반면, 전략적인 노력은 피드백을 바탕으로 질을 높이고, 계속해서 방향을 점검하며 나아가는 과정이다. 그럼 어떻게 전략적인 노력을 할 수 있을까? 노력의 방향을 바로잡기 위해선 시간만 들이는 것이 아니라 지속적인 점검과 수정이 필요하다. 이때 참고할 수 있는 몇 가지 원칙을 제안한다.

1. 무작정 반복이 아니라 '피드백'을 받자

피드백 없이 혼자만의 방식으로 반복하다 보면 같은 실수를 되풀이하기 쉽다. 하지만 피드백을 받으면 지금 하고 있는 방식이 맞는지 점검할 수 있고, 아니라면 방향을 수정하면 된다. 우선, 내가 가려는 길과 비슷한 길을 먼저 간 사람으로부터 조언을 받는 방법이 있다. 그럼 시행착오를 줄이고 더 나은 방향을 모색하는 데 도움이 된다. 운동할 때 틀린 자세로 100번 반복하는 것보다, 전문 트레이너에게 교정을 받고 바른 자세로 50번 하는 게 더 효과적이다.

다음으로는, 객관적인 데이터를 활용해 자기 피드백을 습관화하는 것도 중요하다. 앞서 말한 피드백이 남으로부터 받는 것이라면, 이번에는 나 스스로에게 주는 피드백이다. 시험 성적, 기록된 연습 영상, 수치화된 결과 등 객관적인 지표를 살피면 내 실력을 점검할 수 있다. 매일 자신을 관찰하고 실력의 변화를 기록하는 습관을 들이면 개선점을 발견할 수 있다. 피드백이 지속적으로 쌓이면 노력의 방향이 정교해진다.

2. 의도 있는 반복으로 진짜 실력을 쌓자

노력의 양이 많으면 '나는 열심히 하고 있어'라고 착각하기 쉽다. 하지만 단순히 붓을 들고 도화지에 물만 칠한다고 해서 그림 실력이 늘지 않는다. '어떻게 연습하느냐'가 중요하다. '오늘은 명암을 정교하게 표현해보자', '이번 그림에서는 구도를 다양하게 시도해보자'처럼 목표를 정하고 연습하는 방식이 필요하다.

또, 연습한 것을 그냥 넘기는 것이 아니라 어느 부분이 부족한지 점검하고, 개선할 수 있도록 보완해야 한다. 그날 배운 것을 정리하고 실제로 적용해보는 과정이 있어야 실력이 쌓인다. 단순한 반복이 아니라 의도적인 연습이 실력을 키운다. 노력의 질이 높아지면 같은 시간을 들이더라도 훨씬 크게 성장할 수 있다.

3. 방향을 점검하며 노력하자

노력이 결과로 이어지려면 방향이 맞아야 한다. 시험을 앞두고 밤새워 공부하는 사람이 있다고 하자. 그가 취약한 부분은 듣기인데 독해만 계속 공부하고 있다면? 열심히 노력하고 있지만 정작 취약한 부분은 개선되지 않는다. 이럴 때는 방향을 조정해야 한다. 듣기를 강화할 수 있도록 듣기 연습을 늘리고, 실제 시험과 유사한 환경에서 연습하는 등 문제점을 보완하는 방향으로 전략을 수정해야 한다.

한 직장인이 승진을 목표로 두고 매일 야근을 하며 업무량을 늘리고 있다고 치자. 하지만 승진의 핵심 평가 요소가 '업무 성과'가 아니라 '팀워크와 리더십'이라면? 그는 밤을 새워 일하지만 중요한 부분은 놓치고 있는 셈이다. 그럴 바에는 상사와의 커뮤니케이션을 원활하게 하거나, 동료들에게 영향력을 미칠 수 있는 프로젝트를 주도하는 방향으로 조정하는 게 맞다.

우리는 종종 '열심히 하고 있으니까 잘하고 있는 거겠지'라고 착각하며, 지금 노력하는 방식이 맞는지 검토하지 않는다. 그러나 방향이 어긋난 노력을 반복하면 원하는 성과를 얻기 어렵다. 노력을 하되, 주기적으로 방향을 점검하고, 필요한 전략은 유연하게 수정해야 한다. 그래야 헛된 반복을 줄이고, 성장을 가속화할 수 있다.

결국 중요한 건, 양을 쌓는 가운데 방향과 질을 함께 정교하게 다듬는 과정이다. 처음부터 최적의 전략을 갖추기는 어렵기 때문에, 작은 실행을 통해 감을 익히고, 피드백을 받고, 수정해가는 흐름 자체가 전략이 될 수 있다. 목적 없는 반복이 아니라 의도 있는 반복을 통해 실행의 밀도를 높여가는 것, 그 축적이 탁월하고 단단한 실력을 만든다.

운

준비된 자의 몫

성공한 사람들은 "운이 좋았다"라는 말을 던지곤 한다. 실제로 운은 존재한다. 내가 어찌할 수 없는 요소는 분명히 인생에 영향을 미친다. 그것도 아주 큰 영향을 끼친다. 하지만 운을 통제할 수 없다고 해서 무력해질 필요는 없다. '운이 왔을 때 그것을 붙잡을 준비가 되어 있는가?', '운이 없을 때 그것을 극복할 대응력이 있는가?' 이런 질문을 던지다 보면, 운을 조금 더 현명하게 대할 방법을 찾을 수 있다.

할아버지는 내가 태어나기도 전에 돌아가셨다. 할아버지네 가족은 삼형제를 키웠고, 우리 아빠는 장남이었다. 아빠가 중학생일 때 할아버지는 충무로에 있는 인쇄 관련 회사를 나와 사업을 시작하셨다. 카메라로 찍은 사진을 필름에다 색을 입혀 확대해 출력하고 교정하는 사업이었다. 사업은 시작하자마자 성행했다. 그래서 당시 만리동에 있는 단독주택에 살며 차도 끌고 다녔다. 그런데 동업자 친구가 하루아침에 배신했다. 곧이어 집도 뺏기고 겨우 세 들어 살았다. 이후 구멍가게를 차려 신발, 속옷 등을 닥치는 대로 팔았고 아빠는 학교가 끝나면 가게로 가 할머니를 돕다가 마감 시간에 맞춰 셔터를 내리기를 반복했다. 그 후 할아버지의 건강이 악화됐고, 할아버지는 아빠가 20대일 때 영면하셨다.

동업한 친구가 배신할 줄 알 수 있었을까? 사업이 잘될 때는 모든 것이 순탄해 보인다. 하지만 예측할 수 없는 변수는 언제든 나타난다. 신뢰했던 사람이 등을 돌릴 수도 있고, 예상치 못한 사건이 한순간에 상황을 바꿀 수도 있다. 이런 상황은 "운이 나빴다"고 말할 수 있다. 하지만 나쁜 운에 맞닥뜨렸디고 해서 삶이 거기에서 끝나는 것은 아니다. 그 이후의 선택은 다시 개인의 몫으로 돌아간다. 할아버지는 사업을 잃었지만 가족을 위해 새로운 생계를 꾸려 나갔다. 힘든 상황에서도 멈추지 않고 다시 일어설 방법을 찾았다. 운이 우리를 시험할 때 우리는 그 운을 받아들이고 어떻게든 앞으로 나아가야 한다. 운이 나쁜 순간이 오더라도 그것이 삶의 전부는 아니기 때문이다.

나는 대학 입시를 치를 때 명확한 운을 경험했다. 내가 입시를 치를 당시, 서울대학교 미술대학 실기 시험은 두 차례에 걸쳐 진행되며, 총 4개의 문제를 푸는 방식이었다. 시험지에는 평가 기준이 명시되어 있었다. 내가 본 시험에는 '문제 해결 능력', '창의적 조형 능력', '색채 및 공간 표현 능력'이 평가 항목으로 나왔다. 나는 평소에 선생님께 단어 그대로 조형 능력과 색채 활용 능력이 뛰어나다는 평가를 자주 받았다. 점·선·면을 조화롭게 배치하는 능력과 색상을 아름답게 쓰는 감각이 좋다는 말이었다. 내가 받은 시험 문제는 이런 내 능력을 아낌없이 발휘할 수 있는 문제였다. 난 그야말로 물 만난 물고기처럼 시험을 즐겼고, 일말의 후회도 없는 그림을 그리고 나왔다. 시험이 끝난 뒤 선생님을 만나자마자 활짝 웃으며 "잘 그렸어요"라고 말했다. 그러자 선생님은 내게 대답했다.

"문제를 보자마자 너는 붙을 거라고 생각했어."

시험 문제가 나에게 유리하게 출제된 것은 명백한 운이었다. 만약 평가 기준이 다르게 나왔다면 나는 조금 더 불리한 경쟁을 해야 했을지도 모른다. 그래서 나는 솔직히 대입 때 "운이 좋았다"고 생각한다. 하지만 운이 좋았다고 해서 내가 아무 노력도 하지 않고 합격한 건 아니었다. 평소에 꾸준히 연습해왔기 때문에 운이 왔을 때 그 기회를 잡을 수 있었다. 만약 내가 조형 능력이나 색채 감각이 뛰어나도 연습을 게을리 했다면? 시험 문제가 유리하게 나왔어도 좋은 결과를 얻지 못했을 것이다. 결국 운이 기회로 작용할 수 있으려면 내가 준비된 사람이어야 한다. 운이 왔을 때 그것을 기회로 활용할 수 없다면 운은 아무런 의미가 없다.

좋은 운은 기회와 같다. 그리고 운을 기회로 바꾸려면 세 가지 조건이 필요하다.

- 평소에 역량을 키워 준비된 사람이어야 한다.
- 내게 온 기회인 운을 인지할 줄 알아야 한다.
- 즉각적으로 행동할 수 있어야 한다.

로또에 당첨되길 바라는 게 아니라면, 운은 통제할 수 없다는 사실을 인정하면서도 운을 내 편으로 만들 방법을 모색하는 것이 현실적이다. 운이 언제나 내 편이 되어주지는 않는다. 하지만 그렇다고 해서 운을 원망한들 달라지는 것은 없다. 운이란 원래 예측할 수도, 붙잡아둘 수도 없는 법이니까. 결국 중요한 건 내가 할 수 있는 것에 집중하는 것이다. 좋은 운은 사소한 선택, 우연한 만남, 작은 연결점들 속에서 찾아온다. 그러니 운이 오길 바라며 가만히 기다리는 대신, 운이 왔을 때 기회로 바꿀 수 있도록 준비하는 편이 낫다.

내 삶의 주인이 되다

3번의 인턴, 4개의 회사, 5개의 직무

지나온 나의 회사 커리어는 뭐랄까, 상당히 '이리저리 빙글빙글'이다. 직선으로 쭉 뻗은 길이라기보다는, 돌아가고 튀어나오고 다시 이어지는 구불구불한 곡선에 가깝다. 퍼블리부터 오늘의집, 타다, 플렉스까지. 인턴을 3번 하고, 4개의 회사에서 각기 다른 5개의 직무를 경험했다. 도대체 어떤 사연으로 이리저리 빙글빙글 돌게 된 걸까. 이 이야기를 하려면 2019년으로 거슬러 올라가야 한다.

어느 날, 퍼블리의 박소령 대표님이 한 수업의 특별 연사로 나왔다. 강연을 들으며 대표님의 문제 의식에 전적으로 공감한 나는 퍼블리에서 일하고 싶단 열망이 끓어올랐다. 수업이 끝나고 대표님께 메일을 보냈고, 면접을 본 뒤 퍼블리에서 콘텐츠 PD 인턴으로 첫 회사 생활을 시작했다. 20살 때부터 길러온 영상 제작 역량을 발휘해 일주일에 하나씩 브랜딩 영상을 제작하며, 스스로 선택한 가치와 연결된 일을 할 때 몰입의 깊이가 달라진다는 걸 느꼈다. 이후 3개월간의 회사 경험을 뒤로하고, 다시 학교로 돌아와 학업을 이어갔다.

대학을 졸업할 때만 해도 회사에 들어가지 않을 생각이었다. 하지만 곧 불안이 싹텄고, 우선 회사에 들어가 먹고살기 위한 돈과 사업 자금을 모아야겠다는 현실적인 판단을 했다. 마침 오늘의집에서 커뮤니티 운영 인턴을 모집했고, 콘텐츠와 커뮤니티가 맞물려 성장하는 구조에 흥미를 느낀 나는 주저 없이 지원했다. 그곳에서의 생활은 기대 이상이었다. 팀원들은 커뮤니티의 만족도를 높이기 위해 밤샘 회의도 마다하지 않았고, 내가 기획한 프로그램으로 멤버들이 즐거워할 때면 진심으로 뿌듯했다. '내가 만든 공간 안에서 사람들이 따뜻하게 연결될 수 있구나' 하는 감각은, 3년이 지나 회사 밖에서 일기클럽을 운영할 때도 든든한 자산이 되었다.

오늘의집에서 구성원으로서 몰입을 경험한 뒤, 사람들이 조직 안에서 주인의식을 갖고 일할 수 있도록 제도와 문화를 설계하는 일에 관심이 생겼다. 그렇게 인사 직무를 탐색하던 중 타다 인사

팀 인턴에 합격하며 세 번째 회사 생활을 시작했고, 업무를 빠르게 익히며 신뢰를 얻었다. 이후 더 빠르게 성장하는 환경에서 일하고 싶어 플렉스로의 이직을 알아봤다. 첫 지원에서는 탈락했지만, 한 달 뒤 다른 직무로 재지원 제안을 받아 세 번의 인터뷰를 거쳐 최종 합격했다. 비록 인사팀은 아니었지만, 인사 업계에서 주목받는 회사였기에 다양한 인사이트를 얻을 수 있을 거라 기대하며 첫 정규직 커리어를 시작했다.

다음 커리어를 위해 적어도 3년은 채우겠다는 초심과 달리, 플렉스에서는 총 1년 8개월을 일했고 중간에 한 번 직무를 바꿨다. 그리고 퇴사할 때는 이직이 아닌 회사로부터의 독립을 선택했다. 이는 내 비전에 집중하겠다는 결의였다. 왜 퇴사를 결심했는지, 그 이후 어떤 여정을 시작했는지는 이어지는 이야기에서 다뤄보려 한다.

회사를 나오기까지의 고민

플렉스는 마치 마터호른 산처럼 가파르게 성장했다. 시리즈 B 투자를 받은 이후에 본격적으로 성장 가도를 달리고 있었고 조직도 쉴 틈 없이 굴러갔다. 아침 7시 30분에 집을 나와 온종일 회사에서 지내다 밤늦게 퇴근했다. 회사에서는 실시간으로 내 성과가 공유됐다. 시니어들이 많은 회사에서 신입이 할 수 있는 건 결과로 증명하는 일뿐이었다. 팀 꼴찌도 해보고 팀 1등도 해봤다. 하지만 성과와 별개로 내 마음 저편에는 혼란이 쌓여가고 있었다.

나는 명확한 지향점이 있었고 회사 밖에서 하고 싶은 것도 많았다. 이것들을 회사를 다니면서도 내려놓지 못했다. 회사의 업무를 마치고 집에 돌아와 밤과 새벽을 내 일로 가득 채웠다. 시간을 쪼개 콘텐츠를 만들고 뉴스레터를 썼다. 그렇게 내 일을 하면 할수록 아이디어가 더 많이 떠올랐고, 이것들을 현실화하고 싶었다. 그런데 하루에 약 12시간을 회사에서 보내며 내 일을 병행하는 건 그야말로 무리수였다. 이러다간 단명할 것 같았다.

일기에는 퇴사와 유지를 두고 갈팡질팡하는 기록이 축적됐다. 집안의 경제적 지원 없이 나 자신이 내 후원자가 되어야 하는 상황에서 안정적인 월급을 버리는 건 큰 모험이었다. '내 꿈을 좇는 게 사치인가' 하는 생각도 자주 들었다. 그럼에도 한 번뿐인 인생인데, '내가 진정 하고 싶은 일을 제대로 해봐야 하지 않을까' 하는 열망도 쉽사리 가라앉지 않았다. 현실적인 문제와 불안과 꿈이 얽히고설켜 불면과 무기력에 시달렸다. 그러면서도 회사에서는 성과를 냈고, 내 일도 놓을 수 없었다.

그러던 어느 날, 한 친구와 밥을 먹었다. 여러 방면으로 커리어를 착착 쌓으며 괄목할 만한 성과를 내고 있는 친구에게 이런 고민들을 털어놓았다. 그 친구는 내 얘기를 한참 듣더니 정곡을 찔렸다.

"근데 너는 회사 일을 말할 때는 '회사 일'이라고 하고, 네 일에 대해서 얘기할 때는 '내 일'이라고 하네? 나에게는 회사 일이 곧 내 일인데, 너한테는 그 두 가지가 완전히 다른가 보다."

듣고 보니 그랬다. 나에겐 회사 일과 내 일이 나눠져 있었다. 회사에서도 치열히 일했지만, 내 일은 따로 있었다. 그 일은 내 비전에서 출발한 아이디어들이 세상에 제 모습을 드러내는 거였다. 나는 회사에서의 커리어가 틀어지는 것보단, 내 아이디어를 누군가 먼저 실행하는 게 더 불안했다. 내가 오랜 시간 품고 다듬어온 생각들이 내 손에서 세상에 나오는 걸 보고 싶었다.

친구와 밥을 먹고 돌아와 결단을 내렸다. 퇴사하고 그동안 내가 하고 싶었던 걸 해야겠다고. 10년 동안 조금씩 생각하고 만든 것들, 어쩌면 그 전부터 문제라 여긴 것들을 해결하는 삶을 살아봐야겠다고. 그 뒤 팀장님부터 대표님까지 세 번의 퇴사 면담을 했다. 예전 팀장님은 마지막 면담에서 내게 이렇게 말했다.

"눈빛이 달라. 전엔 혼란스러운 눈이었는데, 지금은 확신이 보여. 그래서 잡을 수가 없다."

그렇게 나는 2024년 5월까지 플렉스를 다니고 퇴사했다. 이제는 24시간을, 온전히 내 책임 아래 살아가기로 했다.

회사를 나와야만 삶의 주인이 되는가

최근 '나다움'이 하나의 트렌드처럼 소비되면서, 퇴사를 그 상징처럼 여기는 흐름도 생겼다. 마치 회사를 떠나야만 진정한 자유와 자아를 찾을 수 있는 것처럼 말이다. 하지만 나는 조금 다른 의견을 갖고 있다. 회사를 다니는 동안에도 우리는 충분히 자기다울 수 있다. 중요한 건 '회사를 다니느냐 마느냐'가 아니라, '지금의 삶이 나의 적성과 기질에 얼마나 잘 맞느냐'이다.

인스타그램 스토리에서 팔로워분들의 고민을 받던 중, 이런 질문이 들어왔다.

"현실에 안주하고도 나의 길을 찾을 수 있을 것 같다는 제 주장이… 도전에 대한 회피인지 용기인지 구별을 못 하겠어요"

이에 나는, 안주가 곧 회피는 아니라는 생각을 전했다. 당신은 자신의 성향을 정확히 이해하고 편안함을 선택한 것이고, 그 선택 역시 용기일 수 있다고. 모두가 도전해야 하는 건 아니며, 어떤 이에게는 안정적인 삶을 꾸리며 소중한 것들을 지켜내는 것이 더 나다운 길일 수 있다고 덧붙였다.

또 다른 질문도 들어왔다.

"꿈이 개인사업, 프리랜서인데 직장생활 월급에서 벗어나기가 두려워요. 어떻게 용기내셨나요?"

나는 곰곰이 생각한 뒤 솔직하게 답했다. 월급에서 벗어나는 건 두려운 게 당연하며, 그래서 오랜 준비가 필요하다고. 내 경우에는 회사를 다니는 3년 동안 매일 내 일을 병행했고, 그렇게 해서 최대한 만들어 놓은 최소한의 안전지대가 있었기 때문에 퇴사할 용기를 낼 수 있었다고.

많은 사람들이 퇴사를 하면 바로 나다운 삶이 열릴 것이라 기대한다. 하지만 퇴사는 시작일 뿐이다. 곧바로 자유롭고 충만한 삶이 따라오는 것은 아니다. 되레 사업을 시작하면 한동안은 더 막중한 불확실성과 무게를 짊어져야 한다. 출퇴근은 사라지지만 그만큼의 구조와 리듬을 스스로 만들어야 한다. 회사를 나온 뒤에는 출근이 없어지지만 퇴근도 없다. 내가 움직이지 않으면 일은 단 1퍼센트도 진전되지 않는다. 그러니 더욱 부지런히 실행하고 움직여야 한다.

내 경우에는 기질·성격 검사(TCI, Temperament and Character Inventory)를 하면, 자율성 지수가 100이 나오고 위험 회피 성향은 낮게 나온다. 주도적이고 독립적인 성향이 강한 것이다. 상담 선생님마저 "이렇게 자율성이 높은 사람은 처음 본다"고 놀라셨다. 나처럼 위험 회피 성향이 낮으면 다른 사람에게 쉽게 위축되지 않고 자신의 것을 불도저처럼 추진한다고 한다. 그러니 회사 생활을 하면서도 자연스럽게 내 일을 고민할 수밖에 없었다. 나의 성향에 맞는 일에 이끌린 것이다.

TCI-RS 프로파일						
TCI-RS	척도	원점수	T점수	백분위	30 백분위 그래프 70	
선천적 기질 temperament	자극 추구(NS)				41	NS
	위험 회피(HA)				2	HA
	사회적 민감성(RD)					RD 86
	인내력(P)					P 94
후천적 성격 character	자율성(SD)					SD 100
	연대감(C)					C 94
	자기초월(ST)					ST 64
	자율성+연대감			100		

2020년에 받은 TCI 검사 결과

하지만 모든 사람이 나 같은 성향을 가진 건 아니다. 타고난 기질이나 지금까지의 경험, 그리고 삶에서 중요하게 여기는 가치는 다 제각각이다. 어떤 사람은 안정적인 구조 안에서 차분히 몰입할 때 성과를 내고, 어떤 사람은 변화가 많은 환경에서 아이디어를 실행할 때 빛난다. 결국 중요한 건 퇴사 여부가 아니다. 지금 내가 놓인 자리가 내 기질과 성격, 그리고 지향하는 삶의 방향과 얼마나 맞닿아 있는지를 확인하는 것. 그게 핵심이다. 나다움은 '어디에 있느냐'보다, '어떻게 살아가느냐'에 달려 있다.

유일무이한 삶을 대하는 태도

왜 이렇게 열심히 사냐는 질문을 받을 때가 있다. 예전에는 가지지 못한 것에 대한 욕심, 자유에 대한 갈망, 세상에 대한 불만 같은 것들을 이유로 꼽았다. 그런데 어느 순간 그 모든 감정과 동기가 한 문장으로 정리되었다. "단 한 번뿐인 삶이니까요."

많은 것들이 변하는 세상에서 변하지 않는 사실은, 삶의 끝에 죽음이 있다는 것이다. 언젠가 지구를 떠날 때 후회 없이 인사하고 싶다. '좀 더 해볼걸', '이것도 할 수 있었을 텐데' 같은 아쉬움을 남기고 싶지 않다. 그래서 오늘도 내가 할 수 있는 만큼 정성을 다해 살아간다.

이제는 단지 더 높은 곳에 도달하는 것이 목표가 아니다. 나와 세상을 다채롭게 경험하고 싶어서 부지런히 산다. 내 안의 가능성과 한계를 더 깊이 알고 싶고, 내가 좋아하는 것들을 더 진하게 탐구하고 싶고, 세상을 더 넓게 이해하고 싶고, 내가 원할 때 원하는 걸 선택할 수 있는 자유를 얻고 싶다. 그리고 그 자유를 얻는 과정에서 더 큰 세계를 만나야 한다면, 그 또한 기꺼이 도전해볼 가치가 있다고 여긴다.

"인생에서 우리가 누릴 수 있는 특권은 진정한 자기 자신이 되는 것이다."

미국의 신화학자이자 저술가, 철학자인 조지프 캠벨Joseph

Campbell의 말이다. 그의 말처럼 인생에서 우리가 누릴 수 있는 최고의 특권은 '진정한 자기 자신이 되는 것'이다. 하지만 아이러니하게도 많은 사람들이 자기 자신으로 살아가는 법을 배우지 못한 채 세상의 기대 속에서 길을 잃는다.

결국 나다운 삶이란, 세상의 흐름 속에서도 나만의 리듬을 찾고 조화롭게 맞춰나가는 과정이다. 그리고 내 삶의 주인이 된다는 건 단순한 경제적 자유나 직업적 독립이 아니라, 인생의 방향을 내가 결정하고 나만의 박자로 살아가는 태도를 의미한다. 한 번뿐인 인생, 나는 그 안의 리듬을 나 스스로 조율하며 살아가기로 했다. 흔들려도 괜찮다고, 그 뒤엔 언제나 '나 자신'이 있다고 말해주는 나를 믿는다. 등 뒤에 단단히 서 있는 그를 딛고, 나는 오늘도 내 선택을 존중하며 살아간다. 그 삶에 찍히는 모든 발걸음들은 계속해서 나를 나답게 만들어줄 것이다.

그리고 이제는 당신의 리듬을 찾아갈 차례다.

한 걸음씩, 당신만의 속도로.

여정의 끝에서

고등학생 때 쓴 일기 한편에 펜으로 눈사람을 그려놓은 적이 있다. 모자를 쓰고 있던 눈사람은 정갈하고 깔끔한 모양이었다. 때 묻지 않은 완벽한 모습이었다. 그런데 그 눈사람을 본 담임선생님이 다음과 같은 코멘트를 남겼다.

"서현이가 그린 저 눈사람 말이야. 예쁘긴 한데 어찌 장난감 가게에 있는 것 같지 않니? 너도 눈사람을 만들어봐서 알겠지만 실제로는 저렇게 예쁘게 다듬어져서 만들어지지는 않거든. 사람도 똑같아. 장난감 가게에 있는 사람 인형이랑 실제 사람이랑 너무 다르잖아. 우리는 종종 착각을 하면서 살아. 깎이고 울퉁불퉁하고 여기저기 흙도 묻어 있고 왼쪽 팔이랑 오른쪽 팔이랑 완전 다르고 눈도 짝짝이고. 그런 눈사람이 진짜 우리의 눈사람이잖아.

그럼 우리 사람의 진짜 모습은 무엇일까? 그 진짜 모습이 우리에게 감동을 주고 있지 않을까? '내' 삶은 어떤데? 구멍이 여기저기 뚫리고 울퉁불퉁하고 실수도 많고… 아름답지? 그걸 받아들일 준비가 되어 있니?"

당시 완벽주의로 잦은 강박을 느끼던 시기였다. 그런 나에게 선생님은 구멍이 여기저기 뚫리고 울퉁불퉁하고 실수도 많은 모습이 인간의 아름다움을 만든다고 말씀하셨다. 그치만 선생님의 말을 진정으로 이해하지는 못했다. 그땐 삶의 얼룩덜룩함을 받아들일 준비가 되지 않았다. 모든 게 완벽해야 한다고 여겼고 계획대로 되지 않으면 나 자신이 잘못된 것 같았다.

하지만 지금은 안다. 그 얼룩덜룩한 순간들이 모두 나의 결이고, 그 결들이 모여 지금의 나를 만들었다는 것을. 흐리게 스며든 시간들, 선명하지 않았던 선택들, 실패와 좌절까지도 나만의 색으로 겹겹이 덧입혀졌다. 그렇게 시간이 흐르며 얼룩덜룩한 흔적들은 알록달록한 무늬가 되었다.

삶은 음악 같다. 때로는 빠르게, 때로는 느리게. 반복되며 불협화음을 내다가도 문득 아름다운 화음이 피어나는 리듬. 그 리듬을 따라 흔들리기도 하고 잠시 멈춰 서기도 하면서 나만의 속도를 찾아가는 여정. 이 안에서 흠 없는 조각을 깎아내기보다는, 나에게 깃든 결을 따라 다듬어가기로 했다. 그러다 보면 어느새 나를 닮은 리듬이 만들어져 있을 테니까. 넘어져도 툭툭 털고 다시 일어나 숨을 고르며 나의 본질을 향해 나아간다.

나는 드디어 선생님의 이야기를 가슴 깊이 이해하게 되었다. 삶은 언제나 계획대로만 흐르지 않는다. 때로는 예기치 못한 쉼표가 찍히고 엇박자가 생기기도 한다. 하지만 바로 그 예측 불가능한 변화 속에서 진짜 리듬이 만들어진다. 그 리듬에는 생의 온기가 담긴다. 삶은 완벽하게 그려진 도면이 아니라 살아낸 흔적들로 채워진 악보다. 중요한 건 나만의 리듬으로 삶을 꾸려 나가는 것이다. 완벽한 삶이 아니라 '내가 살아낸 삶'이라는 사실만으로도 충분하다.

나는 여전히 성공을 원한다. 하지만 내가 원하는 건 흠결 없는 성취나 타인의 환호성이 아니다. 하루하루 나의 리듬을 지키며 춤추듯 살아낸 끝에, 가장 나를 닮은 성공에 닿는 것. 그 길을 걸으며 몸과 마음이 편안한 방식으로 삶의 무늬를 즐겁게 새겨가는 것. 그 과정의 기쁨을 만끽하는 것이 지금의 내가 바라는 성공이다. 그렇게 한 걸음씩 나를 닮은 리듬을 따라가는 동안, 그 여정이 누군가에게도 자신만의 리듬을 찾아가는 데 용기가 되기를 바란다.

이 책이 그대의 하루에 작은 숨표가 되기를.

흩어졌던 마음을 모아 나만의 리듬을 찾는 데 조금이나마 힘이 되기를.

그렇게 나다운 성공을 쌓아가는 당신의 모든 여정을 마음 담아 응원한다.

감사의 말

긴 여정을 마무리하며, 그동안 마음에 담아둔 감사의 마음을 전하고 싶습니다.

오랜 시간 동안 제 선택을 믿고 차분히 지켜봐주신 부모님께 마음 깊이 감사드립니다. 아버지의 성실함과 어머니의 다정함을 닮아 지금의 저로 성장할 수 있었습니다. 어디서든 최선을 다하는 남동생과 맑고 어여쁜 여동생, 순수한 사랑을 주는 다이아. 가족들의 헌신과 사랑을 딛고 자라왔음에 감사합니다.

내 발걸음을 믿고 응원해주는 우디, 삶의 반 이상을 함께하며 나의 바다가 되어준 윤채, 학창 시절의 버팀목이었던 기범쌤, 늘 상 내 마음을 편하게 만들어주는 지원, 다영. 깊은 눈동자로 나를 품어주는 세빈 언니, 그동안의 성장을 한결같이 응원해준 정민쌤. 찬란한 순간들을 함께 보낸 나연 언니, 다혜 언니, 대현 오빠, 상우 오빠, 미혜 언니, 재연 언니, 민섭 오빠, 민주, 저널 선후배들. 삶의 다양한 챕터에서 격려를 보내준 영지 언니, 과 동기들. 사유를 나누는 귀한 친구인 효지 언니, 끊임없이 영감을 주는 양지 언니, 언제 만나도 즐거운 정우, 은성 언니, 인아, 서영, 지수, TEDxSNU 친구들. 서로에게 진한 응원을 보내며 달려온 푸른, 유경, 서환, 원호, 혜린, 재민. 사랑스러운 소연, 끈기의 아이콘 서변, 뭉근하게 빛나는 정윤, 학생회 시절 크게 의지가 되었던 윤선, 멋지고도 대견한 소영, 야무진 희수, 인액터스 일원들. 낯선 곳에서 우정을 틔운 수빈, 변함없이 응원하는 현일, 동욱, 진호, 정환, 벤경 인연들. 늘 필요한 도움을 주는 영직, 큰 용기를 건네준 현섭 오빠, 현명하게 삶을 꾸려가는 소희 언니, 항상 애정으로 반겨주는 아롬님, 확신을 가질 수 있게 북돋아준 지원 언니, 내 인생 최고의 팀장이자 따뜻하고 배울 점 많은 수현님, 아낌없는 조언으로 길을 빛내주신 미진님, 사회생활을 하며 만난 탁월한 동료들. 각자의 자리에서 묵묵히 살아가면서도 든든한 마음을 나눠주셔서 진심으로 고맙습니다.

   광활한 콘텐츠의 세계 속에서 긴 시간 동안 저를 응원해주신 분들이 있습니다. 제 삶의 작은 기록들에 소중한 시간과 마음을 얹어 공감하고, 저보다 더 제 가능성을 믿어주신 분들. '솔방울'이라는 이름으로 화면 너머 저를 지켜봐주신 분들께 온 마음 담아 감사합니다.

  누군가의 처음을 함께하는 데는 용기가 필요하다는 것을 압니다. 흩어져 있던 제 이야기들을 원석처럼 여겨주신 최미혜 편집자님과 모든 과정에서 섬세하게 살펴봐주신 박다정 편집자님, 그리고 현암사 관계자분들께도 감사의 말씀을 올립니다.

  함께해주신 분들 덕분에 저는 첫 여정을 마무리하고, 이후 여정을 준비할 힘을 얻습니다. 이 마음을 오래 기억하며, 다음 걸음을 내딛겠습니다. 감사합니다.